KB044996

아랍과 이슬람

그 문명의 역사와 사상

아랍과 이슬람

그 문명의 역사와 사상

임병필 김종도 안승훈
유왕종 김병호 이성수

좋은땅 모시는사람들

일러두기

أ	ㅇ	ذ	ㄷ	ظ	ㅈ	ن	ㄴ
ب	ㅂ	ر	ㄹ	ع	ㅇ	ه	ㅎ
ت	ㅌ	ز	ㅈ	غ	ㄱ	و	ㅇ
ث	ㅅ	س	ㅅ	ف	ㅍ	ي	ㅇ
ج	ㅈ	ش	ㅅ	ق	ㄲ	ا ،َ	ㅏ
ح	ㅎ	ص	ㅅ	ك	ㅋ	ُ ،و	ㅜ
خ	ㅋ	ض	ㅆ	ل	ㄹ	ِ ،ي	ㅣ
د	ㄷ	ط	ㄸ	م	ㅁ	ـَوْ ،ـَيْ	ㅏ우 ㅏ이

1. 하나의 자음은 하나의 음가로 표기한다.
2. 된소리(ㄲ, ㄸ, ㅆ)를 표기한다.
3. 중복자음은 모두 표기하나, 약자음(ي , و, ا)이 중복된 경우에는 한 번만 표기한다.
4. 정관사(알)는 가문의 이름이 아니 경우 붙여서 표기한다.
5. 아랍어 원음과는 다르나 이미 널리 사용되는 관용어는 인정한다.

타자의 문화와 문명을 짧은 시간 동안에 이해한다는 것은 어려운 일이다. 우리의 것을 제대로 아는 것도 어려운데 하물며 타인의 것을 안다는 것은 더욱더 어려울 수밖에 없다. 화해와 공존을 주창하는 21세기를 살아가는 우리들에게 이 세상에서 가장 이해 불가한 타자들 중의 하나는 단연코 아랍과 이슬람이 아닐까. 아랍과 이슬람이 우리의 역사 속에 등장하는 것은 신라 시대로까지 거슬러 올라간다고 하지만 그들은 여전히 미지의 타자로 우리들 곁에 있다.

이 책은 아랍과 이슬람을 어떻게 하면 좀더 쉽게 접근할 수 있을까라는 고민해서 출발했다. 미지의 타자를 이해하기 위해서는 종합적이고 총체적인 접근이 필요하다. 문화와 문명은 정치, 경제, 종교, 언어, 기층문화 등과 같은 개별 요소들이 날실과 씨실처럼 서로 얽히고 설켜서 조직되고 오랜 기간 동안 숙성되어 만들어지는 것이기 때문이다. 따라서 우리는 정치, 경제, 역사, 종교뿐만 아니라 언어, 문학, 유적, 기층문화, 유산, 음식, 음악, 속담 등과 같은 다양한 문화

요소들을 통해 아랍과 이슬람을 읽어 내고자 시도한다. 이 책은 독
창적인 내용들만으로 구성된 것은 아니다. 많은 부분은 참고문헌에
제시한 선행연구들의 업적들을 바탕으로 하였으며, 오랜 기간 아랍
과 이슬람을 공부하고 체험하면서 깨달은 긍정과 화해와 공존의 마
음을 담았다.

이 책이 아랍과 이슬람을 보다 긍정적으로 이해하는 초석이 되기
를 바란다.

2018년 2월 20일

집필진 일동

차례 　　　　　　　　　　아랍과 이슬람

1장

아랍 중동 이슬람

- 경계를 정하다

1. 아랍

20세기 말 이후, 전 세계인들의 입에 가장 자주 오르내리는 말 중의 하나는 아랍과 이슬람이라는 단어일 것이다. 신문과 방송을 포함한 거의 모든 언론 매체에서 아랍과 이슬람이란 말이 하루도 빠짐없이 언급되고, 관련 기사들이 보도되는 것을 보면 아랍과 이슬람은 이미 우리의 삶에 상당한 영향을 주고 있음에 틀림없다. 그럼에도 불구하고, "아랍은 무엇이며, 이슬람은 무엇인가?"에 대하여 명쾌하게 대답하기는 쉽지 않다. 서점에 가면 아랍과 이슬람이라는 단어가 들어간 책들이 적지 않음에도 여전히 아랍과 이슬람에 대한 이해는 턱없이 부족한 실정이다.

"아랍은 무엇이며, 아랍인은 누구인가?"에 대한 대답은 쉬운 듯하면서도 구체적으로 설명하기가 쉽지 않다. '아랍' 하면 너무 많은 나라가 생각나고, '아랍인' 하면 다양한 외모를 가진 사람들이 생각나다 보니 한마디로 정리하기가 어려운 상황이다. 왜냐하면 아랍은 지리적인 개념만으로는 설명할 수 없으며, 인종적 개념과 문화적인 개념을 같이 고려해야만 하기 때문이다.

지리적인 개념에서 본 아랍은 아라비아반도와 주변 지역 및 북아프리카 일대를 지칭한다. 아라비아반도에는 남쪽에서부터 예멘, 오만, 아랍에미리트, 사우디아라비아, 카타르, 바레인, 쿠웨이트, 요르단이 있고, 북쪽으로는 팔레스타인, 레바논, 시리아, 이라크가 있다. 북아프리카에는 서쪽부터 동쪽으로 모로코, 알제리, 튀니지, 리비아, 이집트, 수단이 위치한다. 이들 국가들은 정치적인 측면에서 보면 아랍연맹을 결성하여 상호 간 이익을 도모하고 있다.

지리적인 개념의 아랍에 존재하는 인종은 다양하며, 아라비아반도의 주민들은 셈족에 속하지만 북아프리카의 주민들은 햄족과 베르베르인이 혼합되어 있다. 이렇듯 방대한 지역과 다양한 인종을 하나로 묶어 주는 강력한 요소는 바로 동일한 문화, 즉 아랍 문화이다. 소위 아랍 문화권의 밑바탕에는 이슬람과 아랍어가 자리 잡고 있다. 역사적으로 아랍어를 사용하던 아라비아반도 히자즈 지역(현재의 메카와 메디나 주변 지역)의 아랍인들은 7세기 초 이슬람 신앙으로 무장한 뒤 100년도 되지 않는 기간 동안 아라비아반도를 넘어 지금 현재의 아랍 지역뿐만 아니라 이란과 스페인 남부(안달루스)와 중앙아시아까지 영토를 확장하였다. 그 뒤 약 1,400년 동안 아랍어와 이슬람을 토대로 한 아랍 문화권을 유지하여 왔던 것이다.

아랍의 정의가 단순하지 않듯이 아랍인의 개념을 정리하는 것 또한 그리 쉽지 않다. 이는 앞에서도 이미 설명했듯이 아랍의 분포가 아라비아반도 및 그 주변과 북아프리카를 포함하는 방대한 지역에 걸쳐 있고, 이 지역에 자리잡고 있는 국가의 수도 20여 개이며, 다양한 인종과 민족이 혼재되어 있기 때문이다. 본래 아랍인은 아라비아 반도 일대에 거주하는 사람들을 가리키는 말이었으나, 7세기 초에 사도 무함마드에 의해 이슬람교가 시작되고 아랍·무슬림 세력이 중동 전역을 지배한 이후에는 이 지역에서 이슬람을 받아들이고 아랍어를 쓰는 사람들을 가리키는 말로 확장되었다.

아랍인의 정의는 인종적 측면, 언어적 측면, 가계적 측면, 정치적 측면을 함께 고려해야만 한다. 첫째, 인종적 측면에서 본 아랍인은, 인종이나 민족에 관계 없이 스스로를 아랍인이라고 생각하고 타인도 아랍인으로 인정하는 사람이다. 둘째, 언어적 측면에서 본 아랍인은, 아랍어를 모국어로 사용하는 사람이다. "아랍인이 된다는 것은 당신의 아버지나 어머니 때문이 아니라 당신의 언어로 결정된다. 아랍어를 말하는 사람은 누구나 아랍인이다(『다마스쿠스의 역사』)." 셋째, 가계적 측면에서 본 아랍인은, 조상이 아라비아반도에 거주한 사람이다. 넷째, 정치적 측면에서 본 아랍인은, 아랍어가 공용어인 나라에 거주하거나 22개국으로 구성된 아랍국가연맹(약칭으로는 아랍연맹)의 회원국에 거주하는 사람이다.

이 네 가지 측면 중 인종적 측면이나 가계적 측면보다는 언어적 요인과 정치적 요인이 현대의 아랍인을 정의하는 데 더 유용한 기준으로 여겨진다. 즉 아랍인은 아랍연맹에 가입되어 있는 나라에 거주하고 아랍어를 모국어로 사용하는 사람이다.

"아랍어를 모국어로 사용하는 지역에 거주하고 아랍어를 사용하는 사람에게 애정이 있는 이가 아랍인이다."(아랍연맹)

아랍인의 정의에 사용되는 네 가지 측면 외에도 종교적인 시각과 아랍민족주의의 시각 또한 존재한다. 종교적인 시각에서 보면, 아랍 지역에는 기독교, 유대교, 불교, 조로아스트교를 포함해서 다수의 종교가 분포하는데 대다수 아랍인이 믿는 종교는 이슬람교이다. 아랍 민족주의자들은 아랍인의 정체성이 신체적 특징, 인종, 종교를 초월하여 아랍의 역사와 문화, 언어를 공유하는 사람이라고 본다.

그렇다면 레바논에 거주하는 페니키아계의 마론파 기독교인들은 아랍인인가? 이집트에는 기독교의 한 종파인 콥트교를 신봉하는 콥트인들이 콥트어를 사용하며 살고 있는데, 이들은 아랍인인가? 또한 이라크, 터키, 이란의 국경 지역에 거주하는 쿠르드인들은 아랍인인가?

아랍인을 정의하고 개념 짓는 일은 결코 쉽지 않다. 그러나 아랍인의 정체성을 표현하는 가장 중요한 개념이 아랍어를 모국어로 사용하는지 여부라는 것을 알 수 있다. 이는 아랍인들의 아랍어에 대

앗살라무 알라이쿰(좌)과 카이로 자이납모스크 앞의 아랍 무슬림들(우)

한 종교적 믿음과 관계가 있다. 즉 이슬람의 성서인 코란이 아랍어를 통해 계시되었다는 믿음이다. 아랍인들은 아랍어를 천상의 언어이며 이 세상에서 가장 순수한 언어라고 믿는다. 이런 점에서 보면 아랍인은 아랍어를 모국어로 사용하고 아랍어를 천상의 언어라고 믿는 사람들, 즉 무슬림들이다. 결국 아랍인이란 개념의 가장 중요한 토대는 아랍어와 이슬람이라고 할 수 있다.

2. 중동

아랍의 개념과 관련하여 혼동을 불러일으키는 것은 중동이라는 개념이다. 중동이란 단어는 '동쪽의 중앙'이란 뜻인데, 이 말 속에는 동쪽을 개념 짓는 기준점이 있다는 의미가 포함되어 있다. 그렇다면 그 기준점은 어디일까? 그건 바로 영국이다. 영국이 세상의 기준점이며, 그곳에서 가까운 쪽은 근동, 가장 먼 곳은 극동, 그 중앙은 중동이다. 즉 중동이라는 말은 근대에 영국이 '해가 지지 않는 나라'라고 하면서 전 세계에 식민지를 건설하던 당시에 만들어진 제국주의적 발상의 표현이다. 어찌되었던 세계 역사에서 많이 사용되는 개념이니 알아 둘 필요가 있다. 중동도 협의의 중동과 광의의 중동이 있다. 협의의 중동은 아라비아반도와 그 주변 지역, 이란, 아프가니스탄, 터키를 포함한다. 광의의 중동은 협의의 중동에다가 북아프리카를 포함하는 개념이다.

아랍과 중동의 개념에서 아라비아반도 및 그 주변 지역은 공통분모이지만, 현재의 이란과 터키는 아랍의 범주에 포함되지 않는다. 이란과 터키도 이슬람을 신앙으로 한다는 점에서는 아랍과 같지만, 이란은 이란어를 모국어로 사용하고 터키는 터키어를 모국어로 사용한다는 점에서 아랍과 다르다. 최근에는 파키스탄, 아프가니스탄 그리고 일부 중앙아시아까지 포함하는 확대 중동 지역이라는 개념이 등장하였으나 현재는 사라지는 추세이다.

3. 이슬람세계

아랍과 중동의 개념과 관련하여 이슬람세계의 개념을 살펴볼 필요가 있다. 이슬람세계는 인종, 종교, 언어 등의 요인을 초월하여 이슬람을 다수의 신앙으로 하고 있는 지역을 말한다. 전 세계 무슬림들의 수는 이슬람협력기구(OIC)에 의하면 대략 18억을 상회하는 것으로 추산되며, 이슬람을 신봉하는 무슬림들은 전 세계 곳곳에 정착하였다. OIC에 가입된 국가의 수만 해도 57개국에 달한다. 이들은 이슬람이 국교이거나 무슬림이 절대다수를 차지하는 나라들이다.

흔히들 '아랍인은 무슬림이고 무슬림은 아랍인'이라는 생각을 하지만 전 세계 무슬림들 중에서 아랍인은 20%도 되지 않는다. 세계 최대의 이슬람국가는 순니 이슬람의 종주국을 자처하는 사우디아라비아도 아니고 시아 이슬람의 종주국인 이란도 아니며, 아랍지역에 있지도 않다. 바로 동남아시아에 있는 인도네시아가 최대의 이슬람국가이며, 전체 인구(약 2억6천만 명)의 절대다수인 약 2억 명이 무슬림이다.

21세기 들어 국제화, 세계화가 진전되면서 아랍과 이슬람이 우리 곁으로 바짝 다가왔다. 서울의 거리를 걷다 보면 아랍인을 어렵지 않게 만날 수도 있고, 아랍어 또한 심심찮게 들을 수 있다. 환하게 웃음을 띠고 있는 아랍인들을 보면 우리와 다를 바가 하나도 없다는 생각을 하게 된다. 그냥 아랍어를 모국어로 하는 사람들일 뿐이다. 아랍, 아랍인, 중동, 이슬람 등의 개념과 정의를 통해 우리가 알아야 할 것은 그들이 우리와 다른 사람들이 아니라는 사실이다. 아랍인은 아랍어를 말하는 사람이고, 우리는 한국어를 말하는 사람이다.

2장

아랍인

- 중동의 주인공이 되다

1. 이슬람 제국

우선 "아랍인은 누구이며, 어디에 살고 있는 사람들인가?"라는 물음에 답을 해본다. 여기서는 아랍인을 2018년의 시점에서 아라비아반도 주변과 북아프리카에 있는 아랍연맹 소속 국가들에 거주하면서, 아랍어를 공용어로 하고, 이슬람을 신앙으로 하는 사람들이라고 정의한다. 이런 관점에서 보면 고대 문명의 하나였던 이집트문명과 메소포타미아문명을 여기서 다룰 필요는 없다. 아랍인은 문명들의 주인공이 아니었기 때문이다.

당시 아랍인들은 국가나 문명을 건설하지 못하고 아라비아반도 내에서 부족 단위의 유목 생활을 하던 유목민, 즉 베두인들이었다. 대부분이 황량한 사막에서 고단한 삶을 살아야 했던 아랍 유목민들에게 필요한 것은 하루하루를 연명할 식량이었다. 이를 해결하기 위해 아랍인들은 주변 부족들과 끊임없이 약탈과 보복 전쟁을 계속할 수밖에 없었다. 이렇듯 불안한 삶을 살았던 아랍 베두인들에게 위안을 준 것은 해와 달을 신봉하는 우상 숭배나 술이나 자유로운 성과 같은 매우 쾌락적인 요소들이었다.

양떼를 모는 아랍 베두인들

    이런 아랍인들 중에 아라비아반도의 히자즈지역에 거주하던 꾸라이쉬 부족의 하쉼가에서 예언자 무함마드(570-632)가 태어났다. 무함마드는 메카의 히라동굴에서 가브리엘 천사로부터 610년 최초의 계시를 받은 이래 유일신 신앙인 이슬람을 주변으로 전파하기 시작하였으며, 622년 7월에 소수의 추종자들과 함께 메디나로 이주(히즈라)한 뒤 메디나 주민들과 함께 이슬람 공동체인 움마를 건설했다. 아랍인들의 역사는 이때부터 본격적으로 시작되었다고 할 수 있다. 이슬람 신앙으로 무장한 이슬람 공동체는 예언자 무함마드가 사망할 당시 아라비아반도 대부분을 통합하였으며 국가의 체제를 굳건히 갖추었다. 632년 예언자 무함마드가 사망한 뒤 움마는 올바르게 인도된 후계자(칼리파)들(632-661, 정통 칼리파 시대)의 지도하에 이집트를 점령하고 북아프리카 지역으로 뻗어 나갔으며, 중동에 대제국을 건설했던 사산조를 무너뜨렸다. 이 시대에 이르러 아랍인들은 지금 현재의 중동에 해당하는 광대한 지역을 통합함으로써 세계 역사의 주역으로 화려하게 등장하였다. 사실 이 지역에서 비잔틴제국과 페르시아 제국 간의 패권 전쟁으로 인해 공백이 생기자 이슬람이 인근 지역을 손쉽게 정복할 수 있었던 것이다.

제4대 정통 칼리파 알리의 사망과 함께 건설된 우마이야조(661-750)는 수도를 시리아의 다마스쿠스로 옮기고, 서쪽으로는 알제리와 모로코를 넘어 스페인 안달루스로 진격하였으며, 동으로는 인도의 인더스강 유역까지를 통합하였다. 우마이야 시대는 방대한 영토를 차지하였음에도 불구하고 100년도 유지하지 못하고 멸망하는데, 그 주된 원인은 이슬람의 평등 원칙을 무시하고 아랍인 우월 정책을 편 까닭이었다. 결국 이슬람으로 개종한 페르시아인 중심의 평등운동(슈우비야운동)으로 혼란해진 이슬람세계의 패권을 차지한 것은 예언자 무함마드의 숙부인 압바스 가문이었다. 압바스제국은 수도를 바그다드로 옮겼으며, 아랍인 우월주의를 폐지하고 무슬림 평등 원칙을 견지함으로써 500년이라는 긴 세월 동안 중동의 패권을 유지하게 된다. 우마이야조와 압바스조의 가장 큰 차이점은, 우마이야조가 아랍 제국이었던 반면에 압바스조는 범이슬람 제국이었다는 것이다. 또한 우마이야조가 시리아를 거점으로 하는 비잔틴제국의 색채가 강한 나라였다면, 압바스조는 이라크를 거점으로 하는 사산 왕조의 여러 제도들을 기반으로 한 나라였다는 점도 차이점이라 할 수 있다.

무슬림 평등주의를 통해 페르시아인을 중심으로 한 비아랍 무슬림들(마왈리)의 협조를 이끌어내고 아랍인 우월주의 정책 폐지를 통해 안정된 국가를 유지하던 압바스제국은 9세기 말이 되면서 지방정권들의 난립으로 인해 혼란을 겪게 된다. 중앙아시아를 중심으로 한 사만조(819-999), 시리아의 알렙포를 중심으로 한 함단조(905-1004), 이란을 중심으로 한 부와이흐조(932-1055), 튀니지를 중심으로 한 파띠마조(909-1171), 이란과 시리아를 중심으로 한 셀죽조(1037-1194) 등의 지방정권이 있었다. 특히 부와이흐조는 946년 바그다드를 점령하여 압바스조의 칼리파를 허수아비로 만들기도 하였다.

9세기 말부터 시작된 혼란과 세력 약화를 극복하기 위해 압바스조 칼리파들은 '맘룩(소유된 자)'이라는 노예 병사를 대규모로 고용하였다. 이들 맘룩들은 투르크인, 슬라브인, 쿠르드인 등의 용병을 가리키는데, 유목 투르크인들이 중심을 이루었다. 그들은 탁월한 기마술과 순니 이슬람으로 개종했다는 점 때문에 아랍인 칼리파를 돕는 '가지(전사, 투사)'로 선택된 것이다. 11세기 초에 이란 북동부에 거점을 확보한 셀죽조는 이라크로 세력을 확장한 뒤 압바스조로부터 칼리파의 보호자로 인정받고 술탄이라는 칭호를 받았다. 한편 셀죽조는 1071년에 만지케르트 전투에서 비잔틴제국 군대를 격파하는데, 이에 망국의 위기를 느낀 비잔틴제국 황제가 로마 교황에게 도움을 청하면서 십자군전쟁이 시작되었다.

셀죽조 군대의 비잔틴 공격은 기독교 세계의 위기로 인식되었고, 비잔틴 황제의 구원 요청을 받은 로마 교황(우르바누스 2세)은 1095년 클레르몽 공의회에서 성지 예루살렘이 야만족 투르크인들에게 점령당했다고 주장하며 성지를 탈환하기 위해 십자군 원정을 호소했다. 1096년 제1차 십자군 3만 명이 콘스탄티노플(이스탄불)에 도착한 뒤 1099년 파띠마조가 장악하고 있던 예루살렘을 탈환했다. 그러나 이후 아이유브조의 살라훗딘(살라딘)에게 예루살렘을 재탈환 당하자, 사자왕이 참가한 제3차 십자군이 파견되었으나 큰 성과를 거두지 못했다. 십자군 원정은 7차에 걸쳐 진행되었으나 1291년 십자군의 마지막 거점이던 아콘(아크레)이 함락됨으로써 약 200년간 지속된 십자군 운동도 소멸하였다.

한편 유목민의 관습을 많이 간직한 셀죽조는 왕위 계승 다툼과 부족 간 분열로 인해 빠르게 약화되는데, 이란과 아프가니스탄 지역은 셀죽조의 한 맘룩 병사가 세운 호라즘조가 융성하여 실크로드를 장악하였다. 1206년 몽골고원을 통합한 칭기즈칸은 실크로드로 진출하기 위해 몇 차례에 걸쳐 호라즘조에 사절단을 파견하였으나 살해되거나 수염이 잘린 채 추방되는 굴욕을 당하였다. 이에 분노한 칭기즈칸은 군대를 이끌고 와 호라즘조를 정복하면서 몽골인들이 중동에 진출하였고, 뒤이어 1255년 남러시아 대초원을 정복하면서 몽골인들의 세계 제국을 건설하였다. 1258년에는 몽골제국의 제4대 칸인 몽케의 명을 받은 훌라구가 바그다드를 함락하고 칼리파를 살해한 뒤 도시를 철저히 파괴함으로써 압바스제국은 멸망하게 되었다. 이후 훌라구는 몽케 칸의 사망과 권력투쟁에 휘말린 몽골제국의 내부 사정 및 시리아로 북상하는 이집트 맘룩조의 군대로 인해 몽골로 돌아가지 못하고, 현재 이란의 타브리즈를 수도로 한 일한국을 건국하였다.

1258년 바그다드가 몽골인들에 의해 함락되자 맘룩조의 수도인 카이로가 이슬람세계의 경제와 문화의 중심지로 부상했다. 14세기 카이로의 인구는 약 50만명에 이르렀으며, 아즈하르사원에 부설된 아즈하르대학교는 이슬람세계 최고의 인재 배출 중심지로 자리 잡았다. 그러나 1348년에 서유럽과 북아프리카에서 유행했던 페스트가 퍼지면서 인구가 격감하였고 맘룩조도 빠르게 쇠퇴하기 시작했다.

아나톨리아 지방의 패자였던 오스만제국(1299-1922)은 오스만 1세 때 건국되었는데, 이후 비잔틴제국의 내분을 틈타 소아시아를 확보하였고, 제7대 술탄인 메메드 2세 때인 1453년 콘스탄티노플(현재의 이스탄불)을 점령함으로써 1600년 가까이 지속되어 오던 로마 제국(비잔틴제국)을 멸망시켰다. 제9대 술탄 셀림 1세 때는 이집트의 맘룩조를 멸망시키고 메카와 메디나까지 아우르면서 오스만제국의 술탄은 순니 이슬람의 지도자인 칼리파 지위까지 겸하게 되었다. 제10대 술탄 술레이만 1세 때는 서로는 알제리, 동으로는 이라크, 북으로는 흑해 연안과 헝가리, 남으로는 이집트에 이르는 3개 대륙을 지배하였다. 이렇듯 방대한 제국을 건설하게 된 투르크인들은 투르쿠어를 말하고 이슬람을 종교로 하는 사람을 모두 제국의 신민으로 수용함으로써 소수민족의 한계를 극복하였다.

거대한 오스만제국의 질서는 강제 개종시킨 발칸반도의 기독교도 자제들로 구성된 예니체리(예니는 새로운, 체리는 군대를 뜻하므로 새로운 군대를 뜻한다) 군대에 의존했다. 안일한 시대가 계속되면서 술탄의 무능한 통치, 부패한 관료, 전횡을 일삼게 된 예니체리로 인해 거대한 제국은 내부로부터 무너져 내리기 시작했다. 이 시기 산업혁명, 프랑스혁명을 거치면서 빠르게 힘을 키운 유럽 열강들은 1869년 수에즈운하가 개통된 이래 아시아의 관문을 차지하고 있는 오스만제국을 해체하기 위해서 투쟁을 강화하고, 식민 제국 영국과 신흥 제국 독일이 오스만제국의 지배와 분할을 놓고 충돌하면서 제1차 세계대전이 발발하였다.

2. 현대 아랍국가

지금까지 아라비아반도와 북아프리카지역을 포함하는 중동지역의 역사를 살펴보았는데, 이 지역의 주역인 아랍인들의 활동은 눈에 띄지 않는다. 아랍인들은 예언자 무함마드가 이슬람 공동체 움마를 건설한 이래 정통 칼리파시대, 우마이야시대를 통해 중동 역사의 주역으로 활동하였으나 압바스제국이 여러 지방 정권들로 해체되기 시작하는 9세기 말부터는 역사의 주도권을 페르시아인에게 빼앗기게 된다. 빼앗긴 주도권을 만회하기 위해 아랍인 통치자들은 투르크인 용병들을 수입하였으나 결국 모든 주도권은 투르크인 용병들에게 넘어가게 되었다. 1258년에는 실크로드를 장악하기 위한 몽골군의 서진으로 인해 바그다드가 함락되면서 아랍인 칼리파의 시대조차도 막을 내리게 되었다. 이후 아랍과 중동지역은 십자군전쟁으로 혼란한 시기를 보냈으며, 아나톨리아에서 발흥한 오스만제국의 투르크인들에게 역사의 주도권을 완전히 빼앗기게 되었다.

이런 점에서 1798년 나폴레옹이 이끈 프랑스 군대의 이집트 점령은 매우 의미가 있다. 이는 이집트가 오스만제국의 치하에서 벗어나게 되는 계기가 되었다.

특히 1801년 프랑스 군대가 철수한 뒤의 공백을 무함마드 알리가 장악하면서 독자적인 왕조를 설립하고 이집트를 근대화함으로써 오랜 기간 동안 침체했던 아랍 문화가 부흥하는 계기가 마련되었다.

제1차 세계대전은 영국, 프랑스, 러시아, 독일 등의 제국주의 열강들이 오스만제국의 영토를 분할, 지배하기 위해 한 세기 동안 벌여왔던 투쟁을 마무리 한 전쟁이었다. 그 결과 독일 편에 선 오스만제국은 전쟁에 패하면서 해체되기 시작하였는데 이와 같은 분할 계획은 이미 1916년 영국과 프랑스의 '사이크스-피코 비밀협정'에 의해 수립된 것이었다. 러시아의 동의하에 체결된 사이크스-피코 협정은 영국이 시리아 남부와 이라크를, 프랑스가 시리아의 주요 부분, 아나톨리아 남부, 이라크의 모술 지역을, 러시아가 이스탄불, 다르다넬스와 보스포루스 해협 지역, 아나톨리아 동부 지역을 점령함으로써 오스만제국의 영토를 3분할한다는 내용이었다. 이러한 계획은 1920년 4월 이탈리아의 산레모회의에서 일부 수정되어 최종 결정되었다.

1917년에는 영국의 외무장관 벨푸어가 팔레스타인의 땅에 유대인 국가 건설을 약속하는 벨푸어선언을 발표함으로써, 아랍인들의 역사에 지울 수 없는 흔적을 남겼다. 이는 제1차 세계대전 이후 아랍인 국가 건설을 합의한 '후세인-맥마흔 서한'과 상치되는 것이었으며, 1948년 이스라엘이 팔레스타인인들을 몰아내고 국가를 건설함으로써 지금까지도 계속되고 있는 비극적 분쟁의 원인이 되었다.

제1차 세계대전의 패전국이 된 오스만제국으로부터 독립한 아랍세계는 사이크스-피코 비밀협정과 산레모회의의 결정에 따라 사우디아라비아(1932년 독립 왕국 건설)를 제외하고는 서구 열강의 신탁통치하에 들어갔다. 이후 아랍인들은 1922년 이집트를 필두로 하여 서구 열강으로부터 차례차례 독립하게 된다.

아랍국가	독립(연도, 식민지국)	아랍국가	독립(연도, 식민지국)
이집트	1922, 영국	예멘	1990, 통일
수단	1956, 이집트&영국	오만	1741, 포르투갈
리비아	1951, 이탈리아	요르단	1946, 영국
튀니지	1956, 프랑스	시리아	1945, 프랑스
알제리	1962, 프랑스	이라크	1932, 영국
모로코	1956, 프랑스	레바논	1943, 프랑스

독일, 이탈리아, 일본 동맹군의 공격으로 시작된 제2차 세계대전 이후 아랍지역에서는 영국과 프랑스의 지배 질서가 붕괴되고, 아랍 민족주의가 고양되었으며, 이스라엘 건국에 따른 장기간의 분쟁이 격화되었다. 또한 냉전을 배경으로 한 미국과 소련의 중동 진출이 가속화되었으며, 석유 이권을 둘러싼 열강의 대립이 심화되었고, 친서구파와 이슬람 전통 보수파와의 대립과 더불어 이슬람 종파(순니, 시아) 간의 대립이 혼재됨으로써 복잡한 역사가 전개되고 있다.

제2차 세계대전이 끝난 1945년부터 21세기 초까지 아랍지역에서 일어났던 변화를 다섯 시기로 구분해 볼 수 있다.

제1기(1945-1956)는 영국과 프랑스의 식민 지배가 붕괴하는 시기이다. 이때는 이집트 나세르가 이끄는 범아랍주의운동이 거세지면서 영국과 프랑스의 영향력이 매우 약화되었다. 이스라엘 건국에 따른 팔레스타인전쟁(제1차 중동전쟁, 1948-1949), 이집트혁명, 수에즈전쟁(제2차 중동전쟁, 1956-1957)이 이 시기에 일어났다.

제2기(1958-1967)는 범아랍주의가 고양되는 시기이다. 이때는 범아랍주의운동이 이라크, 시리아, 예멘 등지로 확산되면서 왕정과 구질서가 잇달아 무너졌다. 1967년 제3차 중동전쟁(6일전쟁)의 패전으로 나세르의 영향력도 감퇴한다. 냉전 체제 아래 미국과 소련의 영향력이 강력해진 시기이기도 하다.

제3기(1967-1979)는 중동이 동요하는 전환기이다. 제4차 중동전쟁이 발발하면서 석유수출국기구(OPEC)가 석유 전략을 발동함으로써 세계경제가 석유파동에 휩싸이고 석유에 대한 지배권이 아랍 산유국으로 옮겨간다. 한편 이집트가 이스라엘과 화해 무드를 조성함으로써 팔레스타인해방기구(PLO)가 대 이스라엘 투쟁에 전면적으로 나서게 된다. 레바논 내전이 일어났으며, 이란에서는 1979년 이슬람혁명으로 호메이니가 정권을 장악했다.

제4기(1980-1991)는 분쟁의 초점이 석유의 주산지로 옮겨간다. 이 시기 석유 주산지인 이라크, 이란, 쿠웨이트에서 분쟁이 일어났다. 8년간에 걸친 이란-이라크전쟁(1980-1988)이 발생했으며, 1990년에는 이라크의 사담 후세인이 쿠웨이트를 침공하면서 걸프전쟁(1991)이

아랍의 봄 모습(튀니스)

발발했다. 팔레스타인에서는 1987년 민중 봉기인 인티파다가 확산
되면서 이스라엘-팔레스타인 분쟁이 좀더 심각해진다.

제5기(1992-)는 미국이 중동에 직접 개입하는 대혼란의 시기이다.
걸프전쟁 이후 미국이 아랍지역에 세력을 확대하고 이스라엘을 지
원하는 데 대한 반발이 거세어졌으며 이슬람부흥운동의 움직임이
강화되었다. 2001년에 알카에다의 항공기 테러에 의해 뉴욕 세계무
역센터가 무너지면서 미국은 아프가니스탄의 탈레반 정권을 몰아내
었고, 2003년에는 이라크의 사담 후세인을 제거하였다.

현재(2018년) 아랍지역에서 일어난 가장 최근의 역사는 2010년 12
월 튀니지에서 시작된 '아랍의 봄(또는 자스민혁명)'이라는 이름의 아
랍 민중운동으로 인한 독재 정권의 붕괴와 2014년 6월 29일 시리아
와 이라크 지역에 칼리파 국가를 선포한 IS(Islamic State)의 발흥일 것
이다.

2010년 12월 튀니지 청년 부아지지의 분신자살로부터 촉발된 대
규모 민중 시위는 튀니지를 넘어 이집트, 리비아, 예멘, 시리아를 포
함한 아랍지역 전체로 확산되었다. 이로 인해 튀니지의 벤 알리, 이
집트의 무바라크, 예멘의 살레가 사임했으며, 리비아의 카다피가 내
전 중에 사망했다. 그 외에도 대부분의 아랍지역에서 대중 시위가
발생함으로써 민중들의 분노를 가라앉히기 위한 다양한 조치들이
진행되고 있다.

아랍지역을 혼란의 도가니로 몰아넣은 사건은 단연코 IS의 국가
건설과 테러 만행들이다. IS는 이라크 및 시리아 일부 지역을 점령하
고 국가를 자처하는 극단적인 이슬람 근본주의 무장단체이다. IS는
1999년에 '유일신과 성전'이라는 이름으로 처음 조직되었고, 2004년
알카에다에 충성을 맹세하면서 본격화되었으며, 2014년 6월 조직명
을 '이슬람국가'로 변경하고 제정일치의 칼리파 국가를 선포하였다.
이후 민간인을 학살하거나 고대 유물들을 파괴하는 등의 만행을 저

질렀으며, 이들로 인해 수백만 명의 난민들이 발생하였다. 최근 시리아 정부군과 이라크 정부군, 미국 등의 공습으로 입지가 좁아졌으며 IS 중심부인 시리아의 랏까(Raqqa)마저도 함락된 이후 2017년 말 IS는 실질적으로 소멸 단계에 접어들었다.

『IS를 말한다』. 이 책은 IS의 형성과 발전, IS의 이슬람국가, IS의 미디어 전략, IS의 정치 군사적 테러리즘, IS와 여성, IS에 대한 무슬림 지식인들의 반응, IS와 아랍 언론, IS와 테러라는 주제로 IS를 심층 분석하고 있다.

현대 아랍세계는 이스라엘과 팔레스타인 분쟁, IS 사태(시리아, 이라크), 이슬람 종파 및 부족 간의 갈등(이라크, 시리아, 예멘, 리비아), 아랍의 봄 여파로 인한 국내 정치 불안(이집트, 튀니지), 왕정 국가(사우디아라비아, 쿠웨이트, 카타르, 요르단 등)의 붕괴 위험성, 석유 가격의 하락, 높은 실업률, 국내 경제의 어려움 등과 같은 총체적인 난국에 휘말려 있다. 혼란이 멈추고 아랍세계에 평화와 안정이 정착될 방법은 무엇일까? 강대국의 개입도 민족주의나 이슬람주의도 아닌 아랍인들이 주도하는 역사가 이루어지는 것이 선행조건이 아닐까.

3장

이슬람

- 중동인의 마음을 사로잡다

1. 예언자 무함마드

이슬람 초기의 역사는 이슬람의 마지막 예언자인 무함마드의 역사라고 해도 과언이 아니다. 무함마드에 의해 이슬람은 시작되었고 완성되었기 때문이다. 무함마드 사망 이후의 역사는 앞에서 다룬 아랍인의 역사에서 이미 충분히 다루었다.

무함마드는 서력 570년(혹은 571년) 4월 21일 사우디아라비아의 메카에서 태어났다. 그해 예멘 군대가 코끼리를 타고 메카를 공격했다고 하여 이슬람 역사가들은 무함마드가 태어난 해를 '코끼리의 해'라고 부른다. 무함마드의 전체 이름은 압둘까심 무함마드 빈 압둘라 빈 압둘무딸립 빈 하쉼이다. 그의 이름은 압둘까심 무함마드이며, 그의 아버지는 압둘라, 할아버지는 압둘무딸립, 그의 가문은 하쉼가라는 뜻이다.

무함마드는 메카의 지배 부족들 중의 하나인 꾸라이쉬 부족의 하쉼 가문에서 태어났다. 아버지 압둘라는 결혼 3일 만에 대상 길에서 사망했다고 한다. "아버지 압둘라가 무함마드의 어머니와 결혼을 하기 위해 어느 마을을 지나고 있었는데, 갑자기 한 여자가 그에게 달려와서는 동침을 요청했다고 한다. 압둘라는 지금 결혼하러 가는 길이라는 말로 이 요청을 물리치고, 예정된 결혼식을 올리고 신혼을 보낸 다음, 다시 그 마을을 지나가다가 일전의 그 여자를 만났다. 그런데 그 여자가 이번에는 자신에게 아무런 관심을 보이지 않자, 압둘라는 며칠 전에 제안을 했던 이유를 물었다. 그러자 그 여자는 "며칠 전 당신이 이 마을을 지나갈 당시에는 위대한 인물을 잉태할 조짐이 있었으나 지금은 아무것도 없기 때문이랍니다."라고 대답하였다라고 한다. 이 설화는 위대한 예언자의 탄생이 이미 예정되었음을 말해준다.

유복자로 태어난 무함마드는 당시의 관습에 따라 어머니와 떨어져서 먼 곳에서 유모 할리마의 손에서 자라다가 6살 때 어머니마저 여윔으로써 고아가 된다. 이후 할아버지인 압둘무딸립의 손에서 자라는데 8세 때 할아버지마저 사망하자, 삼촌인 아부 딸립의 집에서 더부살이를 하게 된다. 그 이후 무함마드는 메카 부근의 유목민 가정에 양자로 보내져 목동 생활을 했다고도 한다.

청년이 된 무함마드는 대상을 따라 시리아와 예멘을 오가면서 장사를 하였고, 상술에 탁월한 재능을 가진 이로 소문이 난다. 그 결과 당시 메카의 가장 큰 대상이었던 미망인 카디자의 무역을 맡게 되고, 만족할 만한 성과를 거둔다. 무함마드는 미남에다가 성실해서 뭇 여성들의 선망의 대상이었다고 한다. 무함마드는 25세 되던 해에 자신보다 15살이나 더 많은 40살의 카디자와 결혼을 한다. 이후 카디자는 무함마드가 가장 신뢰하는 반려자로서 최초의 이슬람교도(무슬림)가 된다.

결혼 후 안정을 찾은 무함마드는 일정 기간 동안 메카 근교의 산에서 명상과 기도를 하며 보내곤 했는데, 어느 날 사우르산 히라동굴에서 영적 체험을 하게 된다. 이때가 그의 나이 40세인 610년이다. 대천사 가브리엘을 통해 알라의 계시가 그에게 내려온 것이다. 이후 무함마드는 대중들에게 알라의 진리를 전하고 가르쳐야 할 사명을 확신하고, 이때부터 친척과 친구들을 중심으로 이슬람을 전파하기 시작한다. 그에게 처음 복음을 전달받은 사람은 아내인 카디자, 처삼촌인 와라까, 사촌 동생인 알리 등이었다.

알라의 계시를 받은 예언자 무함마드는 메카의 주민들에게 이슬람을 전파하려 하지만, 우상과 미신을 숭배하던 메카 사람들은 그의 말을 믿지 않는다. 오히려 그를 정신병자로 취급하게 된다. 이처럼 초기에는 무함마드와 그의 추종자들을 조롱하거나 멸시하는 수준이었지만, 점차 무슬림들의 수가 증가하게 되자 무함마드는 메카 지배층을 위협하는 존재로 인식되기 시작한다. 왜냐하면 무함마드의 가르침과 이슬람의 평등 정신은 당시 우상숭배를 바탕으로 다수를 지배하는 소수 지배 엘리트인 메카의 지배층에 정면으로 도전하는 것이었기 때문이다. 이에 박해가 시작되면서 615년에 무함마드는 일부 추종자들을 기독교 국가인 에티오피아로 피신하도록 한다. 더욱 더 강퍅해지는 박해가 지속되던 619년에 무함마드에게 큰 힘이 되어 주던 부인 카디자와 숙부 아부 딸립이 사망한다. 무함마드는 메카 지배층의 박해를 벗어날 수 있는 곳을 찾던 중 당시 '야쓰립'이라고 불리던 오늘날의 메디나를 발견한다.

당시 메디나는 대추야자 재배를 주업으로 하는 오아시스 농업도시인데, 아랍 부족과 유대 부족 간에 갈등과 대립이 지속되고 있었다. 이와 같은 갈등은 양측과 아무런 관계가 없는 제3자가 아니고서는 조정과 해결이 불가능한 상황이었다. 그들의 입장에서 보았을 때 부족이라는 혈연을 부정하는 이슬람교의 무함마드야말로 가장 적합한 조정자라 할 수 있었다. 피난처를 찾으려는 무함마드와 조정자를 필요로 하던 양측은 오늘날의 요르단의 아까바에서 만나 협상을 하였으며, 메디나 주민들이 무함마드에게 충성을 서약하는 '아까바맹약'이 체결된다.

곧이어 무함마드는 이슬람교도들을 데리고 메카를 떠나 메디나로 대규모 이주(히즈라)를 하는데, 그때가 622년 7월 16일이다. 이때 무함마드의 나이는 53세였다. 당시 무함마드의 도피 소식을 알아차린 메카 지배층은 무함마드를 살해하기 위해 그의 집을 급습하지만 그의 침대에는 사촌인 알리가 자고 있었다. 메카 군대의 움직임을 눈치챈 무함마드는 미리 도피하고 대신 알리가 그의 역할을 하고 있었

던 것이다. 무함마드는 메카를 무사히 빠져나오지만 메카 군대의 맹
렬한 추격을 받아 곧 붙잡힐 지경이 되었을 때 동굴을 하나 발견하
고는 그 속에 들어가 숨게 된다. 그러자 놀랍게도 비둘기가 날아와
둥지를 틀어 알을 품고, 거미가 나타나 동굴 입구에 거미줄을 치는
기적 같은 일이 일어난다. 메카 군대 또한 동굴을 발견하지만 알을
품고 있는 비둘기와 거미줄을 보고는 지나쳐 버린다. 이와 같은 기
적을 통해 목숨을 건진 무함마드는 무사히 메디나에 도착하였다.

메디나에 도착한 무함마드는 타고 온 낙타가 멈춘 자리에 집을 짓
는다. 이 집은 이후 이슬람 최초의 모스크(일명 예언자 모스크)가 된다.
무함마드는 메카에서 메디나로 이주한 사람들(무하지룬)과 무함마드
의 이주와 정착을 도와준 메디나 주민들(안싸르)을 통합하여 이슬람
공동체(움마)를 만든다. 최초의 이슬람 국가가 탄생한 것이다.

메디나에 정착한 무함마드는 무하지룬과 안싸르의 통합에 힘썼으
며, 유대 부족들을 이슬람의 편으로 만들기 위해 신앙의 자유를 허용
하고 예배의 방향(끼블라)을 예루살렘으로 정했을 뿐만 아니라 유대
교의 종교의식을 수용하기도 한다. 그러나 유대인들이 무함마드를
예언자로 인정하지 않자, 양자의 관계는 점차 악화되었으며 624년에
끼블라를 예루살렘에서 메카의 카으바신전으로 변경하게 된다.

무함마드의 메디나 정착 이후 무함마드와 무슬림 군대가 메카의
경제력과 지배력을 약화시키기 위해 메카의 대상들을 공격하고 약

탈하면서 메카와 메디나 간에 전쟁이 벌어진다. 우선 무슬림 군대가 624년에 벌어진 바드르전투에서는 대승을 거두지만 1년 뒤에 벌어진 우후드전투에서는 대패하고 무함마드도 부상을 당한다. 627년에는 도랑(한닥)을 이용해 쳐들어온 메카 군대를 물리치게 되는데(한닥전투), 무슬림 군대는 이 전투를 통해 협상의 주도권을 확보하였다.

무함마드는 628년 후다이비야에서 메카 대표단과 협상을 통해 조약을 체결한다. 조약의 내용은 첫째, 올해의 메카 순례는 단념하지만 이듬해 3일간의 기간을 정해 순례한다. 둘째, 무함마드를 흠모해 보호자의 허락 없이 메디나로 찾아온 사람은 보호자가 요구하는 즉시 메카로 돌려보낸다. 셋째, 향후 10년간 휴전하며, 그동안 메카인과 메디나인은 자유로이 상대방 영토를 통행하고, 만일 어느 쪽이든 다른 제3자와 전쟁을 하면 중립을 지킨다. 이와 같은 후다이비야 조약을 통해, 아라비아반도 제일의 권세를 자랑하던 메카 시민과 쫓겨나 도피한 메디나의 이슬람교도는 대등한 입장에 서게 되었고, 무함마드는 전쟁을 피하면서 메카를 장악할 시간을 벌게 된 것이다.

629년 메디나의 무슬림들이 후바이비야 조약에 따라 카으바신전을 순례하러 메카로 들어가자 메카 주민들은 도시를 비워 주었고, 무슬림들은 3일간의 순례를 마친 뒤 조약에 따라 조용히 메디나로 돌아갔다. 그런데 그 무렵 주변 부족들 간에 전쟁이 벌어지는데 메카가 조약을 어기고 어느 한쪽 편을 들자, 630년 1월 무함마드는 군대를 이끌고 메카로 진격한다. 이때 메카의 주민들은 아무런 저항 없이 무함마드에게 항복하고, 이슬람으로 개종한다. 이 해를 이슬람 역사가들은 '정복의 해'라고 부른다. 무함마드는 운석으로 여겨지는 검은 돌(흑석)을 제외한 카으바신전 내의 모든 우상들을 파괴하고, 우상숭배의 장소였던 카으바신전을 이슬람교의 최고 성전으로 삼는 다.

메카에 입성한 무함마드는 630-631년 동안 활발한 군사원정을 통해 아라비아반도 대부분을 통일한다. 그리고 이슬람 공동체 움마의 행정조직을 개편하고, 그때까지 자발적이었던 자카트(종교구빈세)를 무슬림의 5대 의무 중의 하나로 바꾸었으며, 우상숭배를 철저히 금지한다. 무함마드는 632년 마지막 순례인 '이별의 순례'에서 자신이 사망한 이후에도 분열하지 말 것과, 신의 유일성 및 무슬림은 모두 형제라는 것을 확인하고, 피의 복수와 리바의 금지를 선언하는 설교를 한다. 이후 무함마드는 632년 6월 8일 메디나에서 열병으로 사망한다.

무함마드는 한 인간으로서 자신을 경배의 대상이나 구세주로 믿는 것은 죄악이라고 말한다. 무함마드는 인류 역사상 가장 큰 영향력을 지닌 인물로 평가되고 있는데, 이는 우상숭배와 지배 구조를 바탕으로 했던 야만의 아라비아반도를 유일신과 평등사상을 통해 위대한 아랍 이슬람 문명의 요람으로 만들었기 때문이다. 또한 코란을 통해 전 세계 무슬림들의 언어를 아랍어로 통일하고, 정신은 알라를 생각하고 머리는 메카의 카으바신전을 향하도록 하여 불변의 구심점을 만들었다는 사실 때문이다.

2. 코란

예언자 무함마드는 23년 동안 코란을 계시받았다. 그의 나이 40세에 메카의 히라동굴에서 명상을 하던 중 천사 가브리엘을 통해 알라의 첫 계시를 받은 이래, 622년 메디나로 이주할 때까지 13년 동안은 메카에서, 그 이후 632년 사망할 때까지 10년 동안은 메디나에서 계시를 받았다.

예언자 무함마드는 610년 9월(라마단달) 27일 밤 사우르산 히라동굴에서 대천사 가브리엘로부터 알라의 계시를 받는데, 최초로 계시된 것은 제96장 1-2절이다. "창조하신 주님의 이름으로 읽어라. 그분은 한 방울의 피로 인간을 창조하셨느니라. 읽으라 그대의 주님은 가장 관대하신 분이니라. 그분은 연필로 쓰는 것을 가르쳐 주시고 인간이 알지 못하는 것도 가르쳐 주셨노라."

610년 무함마드의 나이 40세에 계시된 제96장 1-2절이 최초의 계시라면, 632년 12월 10일 무함마드가 63세의 나이로 운명하기 9일 전에 계시된 제5장 3절은 최후의 계시이다. "오늘 내가 너희를 위해 너희 종교를 완성하였고 나의 은혜가 너희에게 충만케 하였으며 이슬람을 너희의 신앙으로 만족케 하였노라.”

코란은 유대교의 경전인 토라(일명 모세오경으로 구약성경의 창세기, 출애굽기, 레위기, 민수기, 신명기를 지칭함)처럼 전 분량이 일시에 계시된 것이 아니다. 메카에서 13년, 메디나에서 10년, 총 23년 동안 현실 질문에 대한 대답의 형식으로, 또는 사건에 대한 규범 및 판결의 형태로 간헐적이고 부분적으로 계시된다. 알라가 코란을 한꺼번에 계시하지 않고 이처럼 간헐적, 부분적으로 계시한 것은 무함마드가 이를 암기하고 무슬림들에게 효과적으로 전달할 수 있도록 하기 위함이라고 코란 제17장 106절(“우리가 코란을 부분적으로 계시하는 것은 그대 무함마드가 사람들에게 점진적으로 낭송하여 주도록 하기 위해 그것을 단계적으로 계시하니라.”)에 명시되어 있다.

이러한 과정을 통하여 계시된 코란은 30부분 114장(수라)으로 구성되어 있다. 각 장은 절들로 구성되며, 가장 긴 장은 286절로 되어 있는 제2장(바까라장)이고, 가장 짧은 장은 3절로 되어 있는 제108장과 제110장이다. 매 장은 ‘비스밀라(알라의 이름으로)’라는 서두로 시작하는데, 제9장은 예외이다. 이는 불신자들에 대한 최후의 경고이기 때문이다. 코란 114장 중에 86개의 장은 메카에서 계시된 메카장이며, 나머지 28개의 장은 메디나에서 계시된 메디나장이다. 코란은 총 6,236개 구절, 77,934개 어휘, 323,760개 글자로 구성되어 있다. 제

1장인 개경장(수라 알파티하)을 제외하면 제2장이 가장 길고 뒤로 갈수록 짧아지는데, 이 원칙이 철저하게 지켜지는 것은 아니다. 코란에는 각 장의 제목과 함께 '메디나의(알마다니야)' 또는 '메카의(알막키야)'라는 용어가 표기되어 있는데, 이는 해당 장이 계시된 곳이 메디나인지 메카인지를 알려 주는 것이다. 메카 계시는 이슬람의 기본 신앙(알라의 유일성, 무함마드의 예언자성, 최후의 심판 등)을 강조할 목적으로 여러 차례 이런 주제를 반복한다. 반면에 메디나 계시는 이슬람 공동체(움마)를 통치하는 데 필요한 혼인, 무역, 재정, 국제관계, 전쟁과 평화 등을 법으로 규정한다.

코란은 예언자 무함마드 사후에 편찬되는데 그 과정을 단계별로

بِسْمِ اللهِ الرَّحْمٰنِ الرَّحِيمِ۞
الْحَمْدُ لِلّٰهِ رَبِّ الْعَالَمِينَ۞ الرَّحْمٰنِ الرَّحِيمِ۞
مَالِكِ يَوْمِ الدِّينِ۞ إِيَّاكَ نَعْبُدُ وَإِيَّاكَ نَسْتَعِينُ۞
اهْدِنَا الصِّرَاطَ الْمُسْتَقِيمَ۞ صِرَاطَ الَّذِينَ أَنْعَمْتَ
عَلَيْهِمْ غَيْرِ الْمَغْضُوبِ عَلَيْهِمْ وَلَا الضَّالِّينَ۞

초창기의 코란을 기록했던 아랍어는 현재의 아랍어와 달리 자음의 점과 모음 부호가 없다. 예언자 사후 여러 가지 이유로 코란의 내용이 훼손되는 것을 막기 위해 8세기에 아랍어 문법 연구가 활발해지면서 현재의 아랍어가 완성된다. 현재의 코란 내용을 보면 옛날의 코란과 달리 자음의 점과 모음 부호가 모두 붙어 있는 것을 알 수가 있다.

정리해 보면 다음과 같다.

사도 무함마드

무함마드는 라마단 때마다 한 차례씩 대천사 가브리엘 앞에서 코란을 낭송하곤 했는데, 사망하기 전 마지막 라마단 때는 코란을 두 번 연이어 낭송했다. 대천사 가브리엘은 예언자 무함마드에게 일곱 개의 코란 낭송법을 가르쳤다고 한다. 예언자는 게시된 구절들을 서기들로 하여금 나뭇잎, 나무조각, 양피지, 가죽, 평평한 돌, 견갑골에 기록하게 하였다. 일부 교우(싸하바)들도 스스로 코란을 받아쓰기도 했으며, 예언자 생존 시 코란을 모두 암기한 교우들의 수가 수백 명에 달했다고 한다.

제1대 정통 칼리파 아부바크르(632-634 재위)

633년에 벌어진 야마마전투에서 많은 코란 암기자(아랍어로 '하피즈')들이 사망하자 아부바크르는 예언자의 서기였던 자이드 빈 싸비트에게 코란을 수집하여 편찬할 것을 명령한다. 자이드는 예언자 무함마드가 대천사 가브리엘 앞에서 코란 전체를 마지막으로 낭송했을 때 참석했던 서기들 중의 한 명이었다. 자이드는 코란 구절을 암기하고 기록했던 교우들의 도움을 받아 코란을 수집하고 편찬하였으며, 코란의 첫 번째 진본을 아부바크르에게 바쳤다. 이 진본은 예언자의 부인인 합사가 보관했는데, 합사는 제2대 정통 칼리파가 된 우마르의 딸이다.

제3대 정통 칼리파 우스만(644-656 재위)

북아프리카의 대부분과 사산제국을 아우르는 대제국을 건설하고 수많은 이민족들이 이슬람으로 개종하면서 코란 낭송의 변종(가립)을 우려한 칼리파는 합사가 보관하고 있던 진본을 필사해 사본을 만들 것을 명령한다. 원본은 합사가, 한 권의 사본은 메디나가 보관하였으며, 7권의 사본들을 각지의 이슬람세계로 보냈다.

이상의 과정을 거쳐 편찬된 코란의 특징은 다음과 같다. 우선 각 장의 배열은 라마단 기간 동안 예언자가 대천사 가브리엘 앞에서 낭송했던 순서를 그대로 따랐다. 코란은 운이 있는 산문체로 기록되었다. 비교적 짧은 장은 간결하고 긴박한 기도 형식을 하고 있으며, 비교적 긴 장은 이야기 형태이다. 문체는 힘차며, 표현은 도덕적이고 신 중심적이다. 내용 면에서 보면, 코란은 무함마드 이전 예언자들의 이야기, 세계 종말의 생생한 묘사, 최후의 심판, 이혼 당한 부인, 신의 유일성과 주권성, 비잔틴제국에 대한 승리, 고아에 대한 친절 등 다양한 문제를 다룬다. 또한 코란은 유대교와 기독교의 전승들, 당시의 사회적 관습이나 역사적 사건들의 많은 부분들을 포함한다.

이후 세월이 지남에 따라 코란을 이해하지 못하는 상황에 직면하게 되면서 해설(타프시르)의 필요성이 생겼고, 타바리, 자마크샤리, 바이다위 등과 같은 학자들에 의해 여러 개의 해설서가 출간되었다. 이 가운데 타바리의 해설서가 가장 신뢰를 받고 있다. 코란은 알라의 계시로 번역을 철저히 금지한다. 그러나 12세기 초 최초의 라틴어 번역이 시도된 후 전 세계 언어로 번역되었고, 1980년에는 한국어로도 번역되었다. 무슬림들은 이를 한국어 해설서라고 부른다.

3. 순나와 하디스

순나는 사전적으로는 '관행'이란 뜻인데, 이슬람에서는 예언자 무함마드의 말이나 행동뿐만 아니라 침묵까지를 포함하는 결정 사항을 의미한다. 하디스는 사전적으로 '말, 대화, 이야기' 또는 '새로운 것'이란 뜻인데, 이슬람에서는 예언자의 순나를 기록한 책을 의미한다. 즉 순나가 예언자 무함마드의 관행을 의미하고 하디스가 순나를 담는 그릇이라는 점에서는 차이가 있지만, 예언자 무함마드에 의해 체계화된 종교적 · 도덕적 · 사회적 규범을 다룬다는 점에서는 근본적인 차이가 없다.

순나와 하디스는 샤리아의 제2법원이라는 권위와 법적 구속력을 갖는다. 예언자 무함마드를 통해 계시된 코란이 샤리아의 제1법원으로서 무슬림들의 삶의 지침이 되고 있지만, 포괄적이고 함축적인 의미로 인해 일상생활의 세세한 부분까지는 구체적으로 규정하지 못했다. 이러한 경우 무슬림들은 예언자 무함마드의 순나를 구체적인 행동 규범으로 삼았다. 그 결과 예언자의 말, 행동, 침묵을 포함하는 사소한 내용들까지도 수집하여 전달하는 사람들이 생겨났고, 예언자의 생전에는 물론 사후에도 그의 모든 삶을 수집하고 기록하고 전달하는 것이 무슬림들 사이에 유행하였다. 이로 인해 '하디스학'이라는 새로운 학문 분야가 생겨났다.

하디스 편찬가들은 이슬람세계 곳곳을 찾아다니며 예언자의 순나를 수집하였고, 이들 중 일부만을 최종적으로 선별하여 모음집(하디스)으로 편찬하였다. 한 예로 부카리는 약 60만 개의 순나를 수집하였는데 그중 7,397개 만을 간추려 수록하였다. 그 결과 1천 개가 넘는 하디스 모음집들이 등장하였으나, 순니 이슬람세계에서는 9세기에 6개의 하디스 모음집(6서)이 편찬되었으며, 시아 이슬람세계에서는 10세기에 4개의 하디스 모음집(4서)이 편찬되었다.

순니 하디스 6서	시아 하디스 4서
① 싸히흐 알부카리(약 7,397개)	① 우쑬 알카피(약 16,199개)
② 싸히흐 무슬림(약 10,000개)	② 만 라 야흐두루후 알파끼흐(약 5,963개)
③ 수난 알나사이(약 5,000개)	③ 키탑 알이스팁싸르(약 5,511개)
④ 수난 아부 다우드(약 4,800개)	④ 키탑 알타흐딥(약 13,590개)
⑤ 자미으 알티르미디(약 3,596개)	
⑥ 수난 이븐 마자(약 4,341개)	

하디스 편찬가들은 수집된 하디스들 중 '참 하디스'와 '거짓 하디스'를 구별하기 위해 노력하였는데, 가장 중요한 구별 기준은 전언가(전승자)의 신뢰도였다. 순니 하디스의 경우 '참 하디스'로 판정되려면 모두 10가지의 기준이 충족되어야만 했다.

한편 '참 하디스'와 '거짓 하디스'를 구별하는 하디스학을 이해하기 위한 기초 단계로서 '하디스 전문용어학'을 살펴볼 필요가 있다. 이 학문은 10세기에 독립된 학문으로 자리를 잡았는데, 순나를 전달한 사람들의 이름을 나열하는 전언가 계보인 '이스나드'와 예언자의 말씀, 행동, 침묵인 순나에 해당하는 '마튼'과 관련된, 또는 전언가와 전승에 관한 하디스의 원칙들과 주제들에 관한 학문이다. 상당히 복잡한 분류 기준이 존재하는데, 가장 주요한 것은 첫째, 전언가의 신뢰도와 기억력에 따라 싸히흐, 하산, 다이프로 분류되며, 둘째, 전언가 계보의 각 단계에 있는 전언가들의 수에 따라 무타와티르와 아하드로 분류되고, 다시 아하드는 마슈후르, 아지즈, 가립으로 세분된다.

이상에서 설명한 예언자의 순나를 따르는 사람들을 '순니'라고 부른다. 한편 예언자의 혈통을 중요하게 생각하고 예언자의 사촌이며 사위인 알리를 추종하는 사람들을 '시아'라고 부른다.

4. 순니와 시아

632년 사도 무함마드는 메디나에서 후계자를 지명하지 못하고 사망한다. 무함마드가 만들었던 이슬람 공동체 움마가 첫 출발지인 메카와 메디나를 넘어 아라비아반도의 절반 이상을 차지한 상태였다. 그런데 공동체의 지도자가 덜컥 사망한 것이다. 예언자와 동고동락했던 무하지룬들과 안싸르들은(이들 대부분은 '예언자의 교우'라는 뜻을 가진 '싸하바'들이다) 무함마드의 뒤를 이어 이슬람 정신을 계승하고 이슬람 공동체의 지속적인 성공에 박차를 가할 후계자(칼리파)를 서둘러 뽑아야만 했다. 그런데 예언자에게 딸들은 있었지만 생존한 아들이 없었고(무함마드는 25세 때 40세인 카디자와의 결혼을 시작으로 52세 때 9세인 아이샤와 13번째로 결혼을 하였다. 아이샤를 제외하곤 모두 과부이거나 미망인이었다. 첫 부인인 카디자에게서 두 명의 아들과 네 명의 딸을 낳았는데 아들은 모두 어려서 죽고 딸들도 파띠마를 제외하곤 모두 무함마드보다 먼저 사망했다), 생전에 후계자를 지명하지 않은 상태였기에 누가 후계자가 되어야 하는지에 대해서 혼란이 있을 수밖에 없었다. 이슬람 공동체 움마는 논의를 거듭한 끝에 만장일치로 예언자의 오랜 교우이며 장인이기도 한 아부바크르를 후계자, 즉 칼리파로 선출한다(예언자의 마지막 부인인 아이샤의 아버지가 바로 아부바크르이다). 그가 선출될 수 있었던 이유는 예언자의 절친이며 신앙심도 깊고 재산과 자식이 있었기 때문이었다고 한다.

예언자가 사망한 뒤의 후계자가 사촌이며 사위인 알리가 아니라 아부바크르가 되었다라는 사실은 당사자인 알리뿐 아니라 그의 추종자들('알리의 당'이라는 '시아 알리'라는 말이 생겨나게 되고, 지금은 '시아'라는 말로 줄여서 사용되고 있다) 또한 순순히 수긍하지 못했을 것이다. 그런데 2년 뒤 1대 정통 칼리파 아부바크르가 사망한 뒤에도 반복되어 알리가 아니라 교우인 우마르가 2대 정통 칼리파로 선출되었고, 다시 10년 뒤 우마르가 암살된 뒤에도 알리가 아니라 교우인 우스만이 3대 정통 칼리파가 되면서 갈등의 불씨가 된다. 우스만이 암살된 후 마침내 알리가 4대 정통 칼리파로 선언되었지만 알리의 정당성을 지지하지 않은(알리가 우스만의 암살자들을 기소하지 않고 그들의 지지를 통해 칼리파가 되었다는 것이다) 예언자의 부인 아이샤가 낙타를 타고 반란(낙타전투)을 일으켰으나 진압되어 메카로 호송된다. 한편 우스만에 의해 시리아의 총독으로 임명되었던 무아위야는 알리에게 저항하였으며(무아위야는 우스만의 사촌이다), 무아위야와의 협상에 동의하지 못한 추종자들(이들은 알리의 진영을 이탈함으로써 '이탈자들'이란 의미의 '카와리즈파' 또는 '카리즈파'라고 불리게 된다)에 의해 알리가 살해되면서 4명의 칼리파, 즉 '올바르게 인도된 칼리파들'이라는 의미의 정통 칼리파 시대가 막을 내리게 된다. 이후 알리가 살해되기 전인 660년에 다수의 지지를 받아 칼리파로 인정되었던 무아위야가 우마이야조를 건설하고 수도를 현재 시리아의 수도인 다마스쿠스로 옮긴다.

이처럼 예언자의 후계자를 선출하는 과정이 이슬람 공동체를 순니와 시아라는 두 개의 종파로 쪼개고, 현대에 이르러서는 사우디아라비아와 이란이라는 양대 축을 중심으로 사사건건 충돌을 불러 일으키고 있으며, IS라는 극단적 이슬람 국가를 탄생시키는 단초가 되었다는 것을 예언자 무함마드는 꿈에도 생각하지 못했을 것이다.

알리가 살해되고 무아위야가 우마이야조의 칼리파가 되자 알리의 지지자들은 알리의 둘째 아들인 후사인을 칼리파로 추대하기 위해 현재 이라크의 쿠파로 초청한다. 그러나 후사인과 그의 소규모 부대는 쿠파 부근의 카르발라에서 무아위야 군대에게 몰살을 당한다. 후사인이 살해된 후 시아파는 무크타르의 지휘 아래 후사인의 복수를 외치며 반란을 일으키지만 실패하고, 이후 시아파의 성격이 정치적인 성향에서 벗어나 종교적인 색채를 띠기 시작한다. 무크타르가 죽은 뒤 거의 50여 년 동안 시아파의 정치적 활동은 표면적으로 나타나지 않게 되며, 이 기간 중에 시아파의 종교적 교리가 발전하게 되고 이맘위는 예언자의 혈통만이 될 수 있다는 교리가 생긴다.

이후 시아파는 우마이야조를 무너뜨린 압바스조의 창건에 기여한 공로를 인정받아 우스만의 살해와 관련되었다는 알리의 명예가 회복되었지만 시아파에서 칼리파가 나오지는 못한다. 시아파는 16세기 초반 이란 지역에 사파비조가 출현할 때까지 이슬람세계 어느 곳에서나 소수파에 머무르게 되는데, 사파비조는 12이맘파의 시아 이슬람을 왕국의 합법적인 신앙으로 인정한다. 20세기 후반 시아파는 이란에서 이슬람 근본주의의 주류를 형성하게 된다.

4장

이슬람의 근간

- 6신 5행으로 통한다

이슬람의 근간은 무슬림으로서 믿어야 할 6신과 실천해야 할 5행이다. 6신을 믿지 않거나 5행을 실천하지 않으면 무슬림이라 할 수 없다. 즉 무슬림이라면 누구나 6신을 믿고 5행(5주)을 행하여야 한다. 6신과 5행은 이슬람과 비이슬람, 무슬림과 비무슬림을 구분하는 바로미터라고 할 수 있다.

1. 여섯 가지 믿음(6신)

무슬림은 알라, 천사, 성서, 예언자, 부활과 심판, 신의 명령(까다르) 여섯 가지를 믿어야 한다. 이들에 대한 믿음은 무슬림이라는 증거이기도 하다.

1) 알라

유일신 교리는 이슬람 신앙의 가장 중요한 부분이다. 알라의 유일성은 "알라는 신격에서도 하나요, 속성에서도 하나요, 사역에서도 하나."라는 말로 표현된다. 코란 제112장에 "일러 가로되 알라는 단 한 분이시고, 알라는 영원하시며, 성자와 성부도 두지 않으셨으며,

나무에 새겨진 '알라'(이집트 아스완, 왼쪽), 알라후 아크바르(알라는 가장 위대하시다, 오른쪽)

그분과 대등한 것 세상에 없노라."라고 하였으며, 코란 제3장 1절에
"알라 외에는 신이 없으며"라고 하였다. 즉 알라는 삼위가 하나된 것
이 아니라 처음부터 하나(일위)로 존재하였다는 것이다. 코란에는 유
일신 알라의 명칭과 속성이 모두 99개가 등장한다.

2) 천사

이슬람에서 생각하는 천사는 빛으로 창조되었으며, 먹지도 마시
지도 않고, 성의 구별도 없다. 천사는 신성이나 신격이 없으며 자유
의지도 없고 오로지 신의 명령만을 수행하고 천국에서 알라를 찬양
하는 존재이다. 이들은 신과 인간의 중재자도 아니며 숭배의 대상도
아니다.

천사들은 종류가 많은데, 한 장소에만 체류하면서 다른 장소로 옮
겨갈 수 없는 천사가 있는가 하면, 두 쌍이나 여러 쌍의 날개를 달고

날아다니는 천사들도 있다. 이러한 천사들 사이에도 임무에 따라 서열이 있다. 가장 서열이 높은 천사는 코란에서 "성스런 영혼(알루흐 알꾸드시)"이라고 불리면서 알라의 사자이며 계시의 천사인 가브리엘이며, 다음이 부활의 날에 나팔을 부는 이스라필, 세 번째가 유대인의 보호자인 미카일, 마지막 네 번째가 죽음의 천사인 아즈라일이다. 천사와 인간 사이에는 아담이 존재하기 수천 년 전에 불로부터 창조되었다는 '진'이 있다.

이슬람에서는 모든 인간에게 각각 네 명의 천사가 있어, 이들 중 둘은 낮에 다른 둘은 밤에 인간이 행하는 모든 선악을 기록한다고 믿는다. 이들은 때와 장소를 가리지 않고 자신이 속한 인간과 동행하며 우측에 있는 '라낍'이 착한 일을, 좌측에 있는 '아티드'가 나쁜 일을 기록한다. 기록된 선악은 최후의 심판일에 천국과 지옥행을 결정하는 근거로 활용된다.

3) 성서

이슬람의 세 번째 믿음은 성서(알키탑)에 대한 믿음이다. 알라는 인간에게 땅, 스승, 성서를 약속하였다고 한다. 이슬람에서 말하는 성서는 모두 104개이다. 이들 중 10개는 아담에게, 50개는 아담과 이브의 셋째 아들인 셋에게, 30개는 이드리스에게, 10개는 아브라함에게 주었으며, 토라를 모세에게, 시편을 다윗에게, 복음을 예수에게,

코란을 무함마드에게 주었다. 무슬림들은 이전의 성서들이 개악되고 변질되어 더 이상 믿을 수 없기 때문에 마지막 예언자 무함마드에게 코란이 계시되었다고 믿는다. 성서의 변질과 왜곡을 예방하기 위해 코란의 번역을 금지하고, 암송을 통해 코란의 내용을 모두 암기할 것을 요구한다.

4) 예언자

네 번째 믿음은 예언자(나비)에 대한 것이다. 하디스에 의하면 알라가 인간에게 보낸 예언자의 수는 124,000명에 달한다고 하며, 이들 중 특별한 사명을 띠고 온 사도의 수는 313명이고, 그들 중 모세, 예수, 무함마드가 가장 특별한 사명을 띠고 있다고 본다. 그리고 무슬림들은 이들 중 무함마드가 가장 높은 위치에 있다고 믿는다. 무함마드의 영은 모든 것보다 먼저 창조되었으며, 심판의 날 예수가 무함마드의 법에 따라 심판을 한다고 믿는다.

예언자나 사도의 자격은 청빈이나 고행, 수도, 기도 생활 등 인간의 헌신이나 노력에 의해 얻어지는 것이 아니라, 오직 알라의 선택에 의해 결정된다. 코란에서는 예언자나 사도가 반드시 인간이어야 한다고 하는데, 그 이유는 알라의 계시를 전파하고 현실에서 해석하고 적용하기 위한 가장 적합한 모델이 인간이기 때문이다. 코란에는 알라의 사도들 중 25명의 이름이 등장한다(아담, 모세, 노아, 다윗, 솔로

몬, 살레, 요나, 롯, 욥, 에녹, 이스마엘, 엘리야, 아브라함, 이삭, 스가랴, 요셉, 요
한, 야곱, 아론, 제쓰로, 예수, 무함마드, 후드, 에제키엘, 엘리사).

코란은 알라의 택함을 받은 모든 예언자와 사도를 선별하여 믿거
나 차별을 두어 따르는 것을 단호히 금지한다. 모든 인간은 신의 피
조물로서 모두가 신 앞에 평등하다는 것이다. 사람을 사랑하는 방법
은 예수의 가르침을 본받아야 하고, 신을 사랑하고 찬미하는 방법은
무함마드의 가르침을 본받아야 한다는 차이점밖에 없다는 것이 코
란의 견해이다. 또한 예언자와 사도들은 신이 부여한 여러 가지 권
능이 있다고 하더라도 인간이므로 타인을 구원할 힘이나 권능을 가
지고 있지 않고 따라서 어느 누구도 경배의 대상이나 구원의 주체가
될 수 없다고 본다. 이런 이유로 이슬람에서는 비적을 줄 수 있는 권
능을 교회나 성직자에게 인정하지 않는다.

5) 부활과 심판

코란에서는 죽음과 부활, 최후의 심판, 천국과 지옥에 대해 설명
하고 있다. 코란에 따르면 인간이 죽을 시간이 되면 죽음의 천사 아
즈라필이 나타나 영혼을 목구멍까지 끌어내어 독이 있는 창으로 꿰
뚫어 몸에서 완전히 분리시킨다. 인간이 죽어 매장된 직후에는 두
천사가 무덤을 방문하고, 죽은 자의 믿음을 알라의 유일성과 무함마
드의 신적 사명에 비추어 조사한다.

부활이 정확히 언제 일어나는지는 오직 알라만이 알고 있다. 그날이 오면 별들이 빛을 잃고 하늘이 쪼개지며 산들이 먼지가 되어 날아간다. 부활의 나팔소리가 난 직후 인간의 영혼은 자신의 육체를 수리하고, 모든 육체는 심판의 장소로 가기 전에 수선된다. 하디스에 의하면 부활의 날에 일어나는 최초의 인간은 무함마드라고 한다. 무함마드는 알라의 오른쪽에 서며, 다른 사도들은 그의 깃발 아래 정렬한다.

최후의 심판은 알라 앞에 등장, 선행과 악행이 기록된 회계장부 열람, 심문, 회계, 저울에 달기 순서로 이루어진다.

이슬람에서의 지옥은 벌과 고통이 있는 곳으로, 안 믿는 자는 물론 믿는 자도 예외 없이 들어가는 곳이다. 믿는 자는 지옥의 열을 느끼지 않고 재빨리 통과하지만, 안 믿는 자는 영원히 그곳에 머물게 된다. 지옥은 사악한 신자가 벌을 받는 곳, 유대교도들이 가는 곳, 기독교도들이 가는 곳, 사비교도들이 가는 곳, 조로아스터교도들이 가는 곳, 우상숭배자들이 가는 곳, 이슬람의 위선자들이 가는 곳의 7개 층으로 되어 있다. 천국과 지옥 사이에는 일종의 칸막이가 있는데, 그곳에는 천국에 들어가지 못한 사람들이 머문다.

구원은 이슬람 공동체 움마 안에서 이루어진다. 즉 이슬람의 구원은 알라를 믿고 무함마드를 알라의 사도로 믿으며, 이슬람의 다섯 기둥(오주)에 따라 선행을 베풀고, 알라가 명한 명령에 따라 진정한 공동체를 건설할 때 성취된다.

6) 신의 명령

무슬림은 알라가 선과 악, 믿음과 불신은 물론 모든 것을 영원부터 명령(까다르)하였다고 믿는다. 지금까지 이루어진 것과 일어날 일도 전적으로 알라의 예지와 주권적 의지에 달려 있다. 알라의 의지에 의하지 않고서는 나무에서 나뭇잎도 떨어질 수 없으며 벌레가 땅위를 기어다닐 수도 없다. 인간의 운명은 정해져 있으며, 그 운명은 알라만이 알고 있다.

무슬림들이 '인샤알라(알라가 원하신다면)'와 '함두릴라(알라께 찬미를)'를 입에 달고 사는 이유를 느낄 수 있는 부분이다. 무슬림에게 세상사는 모두 알라가 원하면 이루어지고 원하지 않으면 이루어지지 않으며, 모든 일의 성공은 알라의 축복에 의해서 이루어지는 것이다.

2. 다섯 가지 실천(5행, 5주)

사우디아라비아 국기에는 칼 한 자루와 "알라 외에 신은 없고, 무함마드는 알라의 사도이다."라는 문구가 있다. 아랍세계의 길거리를 걷다 보면 길거리에서 돗자리를 펴고 예배를 드리는 사람들을 만

길거리에서 예배하는 무슬림들

날 수 있다. 또 어떤 모스크에 가면 카페트가 깔려 있는 긴 회랑 곳
곳에 아랍 숫자가 붙어 있는 자선 상자들을 볼 수도 있다. 이슬람력
으로 9월인 라마단이 되면 낮시간 동안 대부분의 상점과 식당이 문
을 닫아 밥 먹을 곳이 없게 된다. 텔레비전에서는 이슬람력 12월인
둘 핫즈 기간 동안 전 세계에서 몰려든 수백만의 무슬림들이 메카의
카으바신전을 돌고 있는 놀라운 광경을 방송한다. 이렇듯 이슬람세
계에서 일어나고 목격되는 모습들은 이슬람의 5행에 기인한다. 이
슬람 5행은 5주(다섯 기둥)라고도 하는데 신앙고백(샤하다), 예배(쌀라),
자선(자카트), 단식(싸움), 순례(핫즈)이다.

  5행은 전 세계 무슬림이 자신의 신앙을 표현하는 구체적인 실천
행동이며, 무슬림들의 일상이고 삶이다. 5행의 실천 여부에 따라 이
슬람 신앙의 정도가 평가되고, 최후의 심판일에 천국과 지옥의 길이
결정된다고 무슬림들은 믿는다. 따라서 아랍 이슬람 사회를 이해하

모스크 첨탑에 조각된 샤하다(튀니지)

고 무슬림들의 의식구조와 가치관 및 정체성을 이해하기 위해서는 5행의 정확한 이해가 필수적이라 할 수 있다.

1) 신앙고백(샤하다)

신앙고백은 무슬림들의 다섯 가지 실천 강령의 첫 번째 기둥이다. 왜냐하면 신앙고백을 해야만 무슬림이 되기 때문이다. 그 내용은 "알라 외에 신이 없고, 무함마드는 알라의 사도이다(라 일라하 일랄라, 무함마둔 라수룰라)."이다. 무슬림이 되려면 증인들이 보는 앞에서 이 두 구절을 소리 내어 선언함으로써 자신의 신앙을 증언해야 한다. 신앙고백을 5행 가운데 첫 번째에 두는 것은 이 내용이 바로 이슬람의 근본이기 때문이다. 다른 것들은 상황에 따라 실천 과정에서 융통성을 보일 수 있지만, 신앙고백만큼은 절대적으로 미루거나 어길 수 없다. 어떠한 경우에도 신앙고백을 미루거나 거부하면 무슬림이 될 수 없다.

신앙고백은 두 가지 내용으로 되어 있다. 첫 번째 구절은 "알라 외에는 신이 없고(라 일라하 일랄라)"로써, 이 세상에 알라만이 유일한 신이며 다른 신이나 우상을 믿어서는 안 된다는 것이다. 예언자나 지도자를 포함하여 부모, 스승이라 할지라도 존경을 할 수는 있으되 숭배하는 것은 허용되지 않는다. 오로지 알라의 유일성과 창조성, 전지전능함과 자비를 믿고 알라에게 귀의해야만 한다.

신앙고백의 두 번째 구절은 "무함마드는 알라의 사도이다(무함마둔 라수룰라)"이다. 이는 무함마드가 인간에게 온 알라의 마지막 사도임을 증언함으로써 무함마드를 통해 내려온 알라의 계시를 그대로 믿고 따라야 한다는 것이다. 만일 무함마드를 알라의 사도(아랍어로 '라술')로 인정하지 않으면, 코란(아랍어로는 '꾸르안') 속에 담겨 있는 알라의 계시나 그 계시에 따라 무함마드가 만들었던 모든 교리나 제도는 의미를 잃게 된다.

이 두 가지 증언은 무슬림들이 일생 동안 가장 많이 말하고 듣는 관용구로서 언제 어디서나 입버릇처럼 언급된다. 평상시나 예배 때는 물론이고 시위 때에도 군중들이 집단으로 이 구절을 소리 높여 외치는 것을 볼 수 있다. 이 구절이야말로 이슬람 신앙에 대해 무슬림들이 신자됨을 스스로 확인하면서 가지는 자부심의 원천이기 때문이다. 이런 의미 때문에 이 문장은 서약이나 선서에 사용된다. 갓난아이가 태어나 듣게 되는 첫 문장이 바로 이 말이며, 이를 통해 갓난아이는 태어나자마자 무슬림이 된다. 대통령의 엄숙한 취임사도 이 두 구절로 된 문장으로 시작하며, 비무슬림이 사람들 앞에서 이 구절을 소리 높여 외치면 다른 절차 없이 무슬림이 된다.

2) 예배(쌀라)

다섯 기둥의 두 번째는 예배이다. 신에 대한 경배 행위나 의식으로 표현되는 예배는 모든 종교 신자가 수행하는 보편적인 행위이지만, 이슬람의 예배는 다음과 같은 특징이 있다.

첫째, 이슬람 예배의 주목적은 자기 정화에 있다. 일반적으로 예배나 기도의 목적은 신의 축복이나 구원을 바라는 기복적 성격이 강한데, 이슬람에서는 자기 정화의 측면을 강조한다. 코란 제29장 45절에서 "예배는 수치와 그릇된 행위를 예방하며"라고 언급하는데, 이는 예배의 목적이 예배자의 자기 정화임을 분명히 보여주는 것이다. "어느 날 무함마드가 제자들에게 '만일 어떤 사람이 집 문 앞에 개울이 있어 하루 다섯 번씩 목욕을 한다면, 그의 몸에 때가 낄까?' 라고 묻자, 제자들이 일제히 '때가 낄 수가 없겠지요.'라고 대답했다. 그러자 무함마드는 '매일 다섯 번씩 예배를 하는 의미가 바로 그것이다. 알라께서는 그러한 예배를 통해 모든 죄를 씻어 줄 것이다.' 라고 말했다."는 일화가 있다.

둘째, 이슬람 예배의 특징은 알라와 무슬림이 일대일로 만나 대화하는 영적 교감의 장이라는 것이다. 이슬람은 알라 외에 모든 인간은 평등하며, 알라와 인간 사이에 중재자가 끼는 것을 부정한다. 이

일반적으로 물로 세정을 하지만, 물이 없거나 물을 사용하여 세정을 할 수 없는 경우에는 깨끗한 모래나 돌로 손바닥을 문지르거나 세정을 하는 행위가 허용되는데 이를 '따얌뭄'이라고 한다. 아랍인들에게 모래는 친숙하기도 하지만 깨끗하다고 생각한다는 것을 엿볼 수 있다.(이란 이스파한 자미 모스크)

를 위하여 남녀가 예배 드리는 장소가 별도로 되어 있다. 그 시간만은 경건하게 오로지 신만을 경배하기 위해서이다. 따라서 예배는, 예배를 하는 무슬림 개인이 알라와 직접 만나 대화하는 통로라는 점에서, 모든 무슬림들에게 특별하고 진지한 실천 행위일 수밖에 없는 것이다.

셋째, 이슬람 예배의 또 다른 특징은 다양성이다. 하루에 다섯 번 행하는 정기예배 외에, 때와 장소에 관계없이 예배자 본인이 자유롭게 하는 자유예배가 있다. 가장 중요한 예배는 정기예배로서 새벽(파

예배하러 가는 무슬림들(카이로 자이납 모스크)

즈르), 정오(주흐르), 오후(아쓰르), 저녁(마그립), 밤(이샤으)예배가 그것
이다. 심신이 건강한 성인 남녀는 반드시 정해진 시간에 행하는 정
기예배를 하는 것이 의무이지만, 병약자나 여행자 또는 부득이한 긴
급 상황에 처한 무슬림들은 정기예배를 단축하거나 뒤로 미루었다
가 보충할 수 있다. 정오예배와 오후예배는 더운 시간을 피하기 위
해 연기하기도 하고, 저녁예배와 밤예배는 특별한 사정으로 인해 정
해진 시간에 할 수 없을 경우 한꺼번에 하기도 한다.

　이슬람의 예배에는 몇 가지 선결 조건이 있다. 그중 가장 중요한
것은 마음의 안정과 몸의 청결이다. 예배 전에는 반드시 마음을 안
정시키고 알라에 대한 경배심을 최대한도로 간직해야 하며, 이와 함

께 몸을 깨끗이 씻어야 한다. 예배 전에는 반드시 전신 세정(구슬)이나 부분 세정(우두으)을 해야 하며, 부분 세정을 위해 이슬람 사원(모스크)의 앞이나 안마당에는 우물이나 수도가 설치되어 있다.

예배는 메카의 카으바신전(끼블라)을 향해 서서 다음과 같은 순서와 방법으로 진행된다. 우선 바른 자세로 서서 예배를 하겠다는 마음을 가다듬고(니야), 두 손을 귀머리까지 올리면서 "알라는 가장 위대하시다(알라후 아크바르)."라는 구절을 읊은 뒤, 팔짱을 끼고(시아는 팔짱을 끼지 않는다) 코란을 암송한다. 이어 허리를 반쯤 굽혔다가 펴는 반절을 하고 뒤이어 무릎을 꿇고 땅바닥에 엎드려 이마가 바닥에 닿도록 두 번 온절을 한 다음 일어선다. 여기까지가 예배 동작의 한 단위로서 '라크아'라고 한다. 모든 예배는 이 라크아를 단위로 하여 진행된다. 새벽예배(파즈르)에는 2라크아, 정오예배(주흐르)와 오후예배(아쓰르) 그리고 저녁예배(마그립)에는 4라크아, 밤예배(이샤으)에는 3라크아를 기본으로 하며, 경우에 따라 단축하기도 한다.

비무슬림들은 너무도 바쁘게 사는 현대인들에게 하루 다섯 번이나 예배를 할 여유가 어디 있느냐고 반문하기도 하고, 이러한 예배 방식을 시대에 뒤떨어진 구태스러운 일이라고 비아냥거리기도 한다. 이럴 때 무슬림들은 "차 한 잔 마실 시간인데 뭐."라고 하며 자신들의 의무를 충실히 수행한다. 사실 예배를 하는 데 걸리는 시간은 기껏해야 10분 남짓이다.

3) 자선(자카트)

다섯 기둥의 세 번째는 '자카트'라고 불리는 종교구빈세 또는 희사금이다. 자카트라는 말은 사전적으로 '순결, 정화'란 뜻인데, 무슬림들의 모든 재산은 자카트를 납부한 이후에야 순결해지고 정화된다는 의미에서 유래된 말이다.

자카트는 이슬람의 재산과 돈에 대한 관념과 밀접한 관계가 있다. 이슬람에서 모든 재산의 최종 소유자와 주재자는 알라이다. 개인의 재산은 알라에게서 사용권을 위임받았을 뿐, 소유권은 알라에게 있다는 것이다. 따라서 그 재산의 일부를 납부하여 알라가 원하는 일에 쓰는 것이 소유주인 알라에 대한 응분의 보답이라고 믿는다.

종교구빈세 또는 희사금에는 의무적인 것(자카트)과 자발적인 것(싸다까)이 있다. 자카트는 매년 연간 순수입의 2.5%를 의무적으로 내야 하지만, 싸다까는 예배를 할 때나 공공 모임 등에서 액수의 제한 없이 수시로 내는 것이다. 이 2.5%는 유목민의 관습에서 유래한 것이다. 일종의 헌금이나 자선금에 해당하는데, 신앙심이 깊은 무슬림들은 싸다까 역시 의무라고 생각한다. 자카트는 이슬람 초기 메카 시대에는 개인의 자발적 의지와 결정에 따라 이루어졌지만, 예언자 무함마드가 메디나로 이주(히즈라)하여 이슬람 공동체 움마를 결성한 뒤 623년에 종교적 의무로 규정하였다. 이슬람 공동체를 운영하기 위해서는 많은 자금이 필요했기 때문이다.

종교구빈세 또는 희사금은 주로 가난한 순례자, 걸식자, 빈민, 채무 변제 불능자, 가난한 여행자, 새 입교자, 희사금 관리자 등의 구제에 사용된다. 이는 사원이나 학교 건설 등에 사용할 수 없으며, 가족을 포함해 다른 사람들에게도 넘겨줄 수 없고, 유산으로 남길 수도 없다. 종교구빈세 또는 희사금은 빈민들의 구제용으로 빈부격차를 줄이고 사회적 대립과 모순을 해결하는 긍정적인 역할을 하였기 때문에 빈민층의 호응을 얻었으며 그들의 교화에도 큰 역할을 하였다. 종교구빈세는 1년에 한 번 납부하는데, 과거에는 주로 사원이나 종단 같은 종교기관에 맡겼으나, 오늘날에는 정부 내에 종교기금(와끄프)을 전문적으로 관리, 운영하는 기관(위자라트 알와끄프)을 두고 있다.

4) 단식(싸움)

해마다 코란이 처음으로 계시된 이슬람력 9월인 라마단이 되면 무슬림들은 한 달 동안 낮시간(날이 밝은 시간부터 어두워지는 시간)에는 먹거나 마시는 것을 일절 금한다. 심지어 입에 고이는 침까지 뱉기도 한다. 단식 시간 동안에는 담배를 피우는 것도 부부관계도 금지된다.

섭씨 40도를 웃도는 무더운 사막기후와 물 한 모금도 마시지 않는 배고픔을 견디는 고통으로 인한 부작용(단축 근무, 능률 저하 등)에도 불구하고 단식을 의무로 규정하여 실천하는 이유는 무엇일까? 그 이유는 무슬림들에게 단식은 정신적 훈련이며 사회적 훈련이고 도덕적·육체적 훈련이기 때문이다. 예언자 무함마드는 "알라를 위해 단식을 하면 알라는 그의 몸을 불지옥으로부터 70년을 멀어지게 할 것이다."라고 하면서 단식을 알라에게 10배의 보상을 받는 선행이라고 강조하기도 하였다.

이슬람의 단식은 유대교의 영향을 받은 것으로 알려져 있다. 예언자 무함마드는 유대인들이 단식하는 것을 보고 이슬람력 1월 10일을 단식일로 정했는데, 메디나로 이주(히즈라)한 다음해(623년)에 이슬람력 9월인 라마단 한 달 동안을 단식월로 선포하고 종교적 실천 의무로 정한다. 무슬림들은 라마단이 되면 코란의 계시를 축하하는 마음으로 낮에는 단식을 하고 밤이 되면 일가친척들이나 친구들과 식사를 하며 한 달을 보낸다. 따라서 라마단 때는 "뽑았던 칼도 칼집에 넣는다."는 속담처럼 말다툼을 삼가고 덕담을 즐긴다. 실제로 1980년대 이란-이라크전쟁 때에도 라마단 기간 중에 휴전을 하기도 하였다. 이 기간에는 '관대하고 축복받은 라마단'이란 의미의 "라마단 카림"이나 "라마단 무바락"이라는 인사를 한다. 해가 지자마자 하루의 단식을 깨는 식사 시간(이프타르)이 되면 이슬람 사원(모스크)에 모여 함께 식사를 하거나, 일가친척들이 장만한 음식을 함께 나누면서 정을 나눈다. 아이들에게 새 옷을 선물하기도 하고, 가난한 사람들에게 음식을 나누어주며 공동체의식을 다지는 시간이 라마단이다. 또한 멀리 있는 부모나 형제, 일가친척을 방문하기 위해 많은 사람들이 이동하는 기간이기도 하다.

단식이 종교적인 실천 의무이기는 하지만 임신부, 산모, 생리 중인 여인, 노약자, 환자, 어린이, 정신이상자는 의무에서 제외된다. 여행을 하는 경우 단식을 할 수 없는 상황이라면 후일로 미루어 단식을 깬 날짜만큼 보충하면 된다.

> "단식 날 밤 너희 아내에게 다가가는 것을 허락하노라. 그녀들은 너희들의 의상이요, 너희들은 그녀들을 위한 의상이니라. 알라께서는 너희들이 은밀히 행하는 것을 알고 계시나 용서를 베풀고 은혜를 베푸셨느니라. 그러나 지금은 그녀들과 잠자리를 같이 하되 알라께서 명하신 것을 추구하고, 하얀 실과 검은 실이 구별되는 새벽까지 먹고 마셔라. 그런 다음 밤이 올 때까지 단식을 하고 그녀들과 잠자리를 하지 말며 사원에서 경건한 신앙생활을 하라. 이것이 알라께서 제한하신 것이니 가까이하지 말라. 이렇듯 알라께서는 인간이 자제함을 배울 수 있도록 계시하였노라." (코란 제2장 187절)

이상의 코란 구절은 라마단 기간에 무슬림들이 지켜야 할 단식 시간뿐만 아니라 허용과 금지 행위를 분명하게 언급한다. 더불어 이전에 은밀히 행하던 일을 이제는 정해진 시간에 허용함으로써 무슬림들이 죄에 빠지지 않도록 배려하기도 한다.

5) 순례(핫즈)

종교의 발생지는 성지가 되어 신자들의 순례가 잇따르기 마련이다. 그러나 성지순례를 모든 신자들의 실천 의무로 규정하는 것은 이슬람이 유일하다. 이슬람은 여건이 허락하는 한 성지인 메카 순례를 평생 동안 한 번은 해야 하는 의무로 규정한다.

고대부터 성지순례는 신앙을 중시하던 셈족들의 관행이었다. 이슬람이 출현하기 이전 아라비아반도에 살던 아랍 유목민들은 카으바신전을 우상숭배의 장소로 삼아 순례를 하였다. 그러나 630년 예언자 무함마드가 메카를 정복한 이후에는 모든 우상들을 제거하고 카으바신전을 이슬람의 순례 성지로 선포했다. 632년에 사망하기 직전 예언자는 메카의 카으바신전을 순례하고 메카 주변 지역을 돌아본 다음 아라파트동산에서 고별 설교를 한다(이별의 순례). 예언자가 이별의 순례 때 다녔던 곳과 행위들은 이후 순례의 의례와 절차 및 순서가 된다.

순례에는 몇 가지 종류가 있다. 규정된 기간(이슬람력 12월 8일부터 10일 사이)에 규정된 절차에 따라 수행하는 의무적인 순례(핫즈, 대순례), 규정된 기간 외에 수시로, 대체로 규정된 절차에 따라 행하는 순례(우므라, 소순례), 임의의 기간에 몇 가지 절차만 따라 하는 순례(지야라), 소순례(우므라)를 한 다음 얼마 있다가 대순례(핫즈)를 하는 순례(분할순례), 소순례 이후 곧바로 대순례를 행하는 순례(연속순례)가 그것이다. 많은 사람들이 여건과 형편이 되면 분할순례와 연속순례를 한다.

대순례의 절차와 일정, 의미는 다음과 같다. 성지순례(핫즈)는 사우디아라비아의 메카를 방문해야 하는 만큼 거리 면에서나 경제적인 면에서 매우 어려운 실천 의무라 할 수 있다. 그럼에도 불구하고 매년 수백만 명의 무슬림들이 메카를 방문하는 것은 평등 의식과 일체성 및 유대감을 강화하려는 예언자의 뜻을 따르고자 함이다. 세계 방방곡곡에서 온 수백만 명의 무슬림들이 동일한 의상(이흐람, 바느질하지 않은 천)을 입고 하나의 목소리로 알라의 계시를 되뇌이면서 무슬림 상호 간의 강한 연대 의식을 만들고 있다. 순례객들은 이흐람을 입고 카으바신전을 시계 반대 방향으로 일곱 바퀴를 돈(따와프) 다음에, 사파와 마르와 회랑을 일곱 번 왕복하며(사이), 아라파트동산에 올라 기도를 드리고, 미나 평원에서 악마에게 조약돌을 던진다. 이 4가지를 순례의 4요소라고 한다.

이러한 의미 때문에 무슬림들은 순례를 평생에 한 번은 반드시 해야만 하는 실천 의무로 생각하고, 이 의무 수행을 최상의 영광과 보람으로 삼는다. 순례를 다녀온 사람의 이름 앞에 '핫지'라는 호칭을 붙이는데, 대통령이라는 직함 앞에도 붙일 만큼 핫지는 이슬람 공동체 최고의 명예로운 직함이라 할 수 있다. 어떤 마을에서는 순례자가 순례에서 돌아오면 마을 잔치를 벌이기도 하고, 순례자의 집을 흰 색으로 단장하기도 한다. 거리를 다니다 보면 문 앞에 핫지라는 명패가 붙어 있는 것을 발견할 수도 있다.

5장

중동의 정치

- 전쟁을 통해 이해하다

1. 아랍 근대사와 서구의 아랍 정책

여기서는 오늘날 아랍세계의 모태가 되었던 오스만제국의 해체와 아랍 근대국가 성립의 과정, 군부 쿠데타 등을 간략히 실명하고자 한다.

1) 오스만제국의 분열과 서구의 아랍 진출

아랍지역에서 발생한 민주화 운동을 제대로 알기 위해서는 아랍 국가의 독립과 그 후에 일어난 혁명 등 근대 아랍국가의 태동을 제대로 인식해야 할 필요가 있다. 왜냐하면 아랍의 민주화운동은 오스만제국의 분열과 이로 인한 아랍 각 지역에서의 왕정제로의 독립, 그 후 이 왕정제를 무너뜨리고 군부가 정권을 잡은 국가들에서 강하게 발생하였기 때문이다. 따라서 오스만제국의 분열과정에서 지역별로 성립된 정체성과 독립운동 과정에서의 서구의 역할을 점검해 봄으로써 오늘날 아랍 각국 군부세력의 몰락과 민주화 시위를 더 잘 이해할 수 있다.

오늘날 대부분의 아랍국가들은 근대 이후 생성된 민족국가의 개념에 기원하고 있으며, 각 지역별로 역사적 특수성과 다양성을 내포하고 있는데, 이는 서구가 오스만제국에 진출한 것과 연관된다. 이슬람을 통해 무슬림들의 융합을 꿈꾸었던 오스만제국은 셀죽 투르크의 소부족 국가에서 출발하여 지속적인 정복 전쟁을 통하여 성장을 거듭하여 전성기에 유럽과 북아프리카 및 레반트 지역, 아라비아반도 등을 아우르는 초거대 제국을 이룩하였다.

특히 술탄 셀림 1세 때에는 1516-1517년 사이에 시리아, 팔레스타인 및 이집트를 정복하였으며, 그의 아들 술레이만 2세 때에는 오늘날의 이란 이라크 국경까지, 또 1521년에는 유럽의 베오그라드를, 1541년에는 헝가리를 정복하였다. 더구나 하이렛딘 바바로사 대제독의 지휘로 함대를 조직한 오스만 해군은 1540년 베니스를 위시한 유럽연합 함대를 프레베사 근해에서 무찔러 지중해 해상권을 장악하였다.

이와 함께 알제리 지역도 오스만제국의 영향하에 놓이게 되었으며, 지속적인 정복 사업의 성공으로 1683년 영토는 빈에서 이란 국경까지, 아라비아반도에서는 걸프지역의 북부 해안 지대와 홍해안 지역을, 아프리카에서는 모로코를 제외한 북아프리카 전역을 통합하게 된다. 또한 흑해 연안을 모두 점령하여 수도인 이스탄불을 확고히 하게 된다.

그러나 이러한 대제국을 세웠던 오스만제국은 18세기에 접어들면서 유럽의 성장과 더불어 쇠퇴하기 시작한다. 오스만제국 쇠퇴의 직접적인 시작점은 1768-1774년 사이에 있었던 오스만 러시아 전쟁과, 1787-1792년 사이의 오스만 러시아 및 오스트리아와의 전쟁에서 오스만군이 참패하고, 1798년에 나폴레옹 1세가 이집트를 장악하기 시작하면서부터이다. 이 시기부터 오스만제국의 위상이 급격히 하락하게 된다.

1798년 나폴레옹의 이집트 원정과 점령은 영국으로 하여금 위기감을 가지게 만든다. 이에 영국은 오스만군과 함께 프랑스에 맞서는데, 이 과정에서 마케도니아 출신의 무함마드 알리는 프랑스군을 격퇴한다. 이러한 상황에서 오스만제국의 군대와 이집트 내의 맘룩 간에 충돌이 발생하고 프랑스 점령 기간 동안 프랑스의 영향을 받은 이집트 주민들은 강압적인 맘룩의 통치나 현지 사정을 인식하지 못하는 오스만제국의 통치를 거부하고 자립을 원하게 된다.

1802년에는 영국군이 이집트와 이스탄불을 침입하였고, 러시아군도 베사라비아, 몰다비아, 왈라치아 등을 점령함으로써 오스만제국의 영향력이 약화되었다. 유럽 열강이 1829년의 에디르네 조약에서 그리스의 독립과 세르비아, 몰다비아 및 왈라치아 등의 자치를 강요하자 오스만제국은 결국 이를 허용하였다. 이러한 상황은 오스만제국의 분열에 결정적인 역할을 하였고, 북아프리카와 아라비아반도 등에서 아랍 각 종족들과 부족들이 독립할 수 있는 배경을 만들었다고 볼 수 있다.

당시 오스만의 술탄들은 서구의 영향을 받아 개혁을 시도하였으나, 국내 반란과 외세의 침입으로 혼란이 지속되어 개혁 정책도 제국의 쇠퇴를 막지는 못한다. 즉 세르비아에서는 두 번이나 반란이 일어나 자치가 허용되었고, 그리스에서도 독립전쟁이 일어나 제국의 영향을 벗어나는데, 이로 인해 그리스는 결국 오스만제국으로부터 분리 독립하게 된다.

이 와중에 술탄 압둘하미드는 오스만제국 내의 각 지역에서 발생하는 투쟁 세력을 저지하고 제국의 영향력을 강화하기 위한 노력의 일환으로, 개혁정책을 실시하면서 약해지는 정치권력을 유지하기 위해 언론통제를 강화한다. 그는 동시에 서구의 자유와 평등사상에 영향을 받은 지식인과 작가들을 처벌하였으며, 나아가 자신의 억압정책에 대한 비난을 무마하기 위하여 이슬람의 부흥을 통해 민족적 감정을 고취시키려고 노력하였다. 그리하여 스스로 칼리파라는 칭호를 사용하여 범이슬람주의의 핵심 인물로 자처하였다. 그러나 이미 유럽의 자유사상을 접한 젊은 지식층들의 불만을 해소할 수는 없었다.

당시 제국 내의 소수민족 특히, 발칸반도의 기독교도와 아르메니아인의 분리독립운동은 점차 폭력화되어 제국의 안정을 흔들고 있었다. 이러한 기독교도의 민족주의에 대한 대항 세력으로 범투르크

민족주의도 당시 러시아에 병합된 중앙아시아의 망명 지도자를 중심으로 발흥했다. 그러나 오스만제국의 집권층은 민족주의를 이슬람에 어긋나는 인종주의로 보고 이슬람을 통한 무슬림의 단결과 제국 영토의 보전을 목적으로 하는 오스만제국의 유지에 노력을 기울인다. 오스만제국의 집권층은 젊은 장교, 교사, 기술자에게 유럽의 기술 발전 등을 유럽 사회 및 정치제도와 같이 논함으로써 서구의 정치사상에 대한 인식을 확대시키고, 이를 통해 반대 세력을 분열시켜 일시적으로 정권을 안정시키기도 하였다. 그러나 반대세력은 1889년 학생들을 중심으로 '오스만 통일 발전 위원회'를 결성하여 조직적으로 제국에 도전한다.

이 모임은 후에 '청년 터키당'으로 알려지게 되는데, 1892년의 술탄 암살 기도와 1896년의 쿠데타가 실패로 돌아감으로써 심한 탄압을 받았다. 1907년 이들은 '통일 진보 위원회'를 결성하여 1908년에 발칸 주둔군의 지지를 받았으며, 1876년 헌정의 회복을 요구하는 통첩을 술탄에게 보내어 오스만 의회를 소집하였고, 결국 청년 터키당이 집권하였다.

2) 아랍권의 독립과 민족주의, 이슬람주의

서구의 팽창은 오스만제국의 아랍 이슬람세계를 혼란에 빠뜨리게 되는데, 아랍인들은 서구의 진출과 오스만제국의 쇠퇴라는 시대적 상황 속에서 그들 자신의 정체성을 깨달아 가게 된다. 즉 이슬람세계의 정치적 취약성과는 대조적으로 종교적 성향이 강해지면서 종교적 개혁 의지도 강해지게 되는데, 울라마와 수피 같은 종교 지도자들은 내적 부흥뿐만 아니라 외적 실천이라는 개혁 운동을 통해 주도권을 장악해 나갔다.

이들은 세속화된 이슬람의 정화라는 사명에 중점을 두고 새로운 세계관을 수립하기 위하여 노력했으며, 엄격한 이슬람주의를 이끌었던 와하비의 주장에 동조하는 사람이 있는가 하면, 어떤 이들은 개혁적인 성격의 수피 종단들에게 새로운 흐름을 이끌도록 요구하기도 했다. 이슬람 부흥 운동은 이슬람 지식을 부활시키려는 지식인들에 의해 확산되었는데, 이슬람세계 곳곳에서 일어난 개혁 운동은 여러 사상과 결합하여 아라비아반도와 북아프리카 지역의 발전을 이끌었다. 이 맥락에서 무함마드 이븐 압둘와합이 이끄는 정화와 부흥을 위한 이슬람 부흥주의 운동이 아라비아반도의 나즈드 지역에서 확산되었다.

나즈드 지역에서 무함마드 이븐 사우드는 당시 이슬람 성법(샤리아)이 제대로 지켜지지 않고 이슬람이 원래의 의미로부터 벗어나 세속화되는 것을 비판하였다. 그는 법학파들 중 가장 엄격한 법 적용을 하는 한발리 법학파의 신학자인 와합의 사상을 받아들여 수피 사상을 배격하고 초창기 이슬람의 순수한 관행과 믿음으로 돌아갈 것을 주장하는 이슬람 부흥주의를 주창하였다.

사우드는 아라비아반도 전역에 와합의 사상을 중심으로 세력을 확장하였으며, '와하비즘'을 인도지역에까지 전파하였다. 와하비즘은 오스만제국의 영향하에 있던 아라비아반도의 메카와 메디나를 중심으로 하는 히자즈지역과 남부 이라크지방에까지 그 세력을 확장하게 된다.

와하비즘은 오스만제국의 권위와 명예, 통치력을 악화시켰고, 와하브운동의 지도자 사우드 이븐 압둘아지즈의 영향력을 확대시켰다. 와하비즘을 중심으로 사우드가의 세력은 아라비아반도에서 지속적으로 확대되어 아라비아반도의 대부분을 복속하고 사우디아라비아왕국의 기초를 마련하게 된다.

이집트에서는 주민들이 울라마를 중심으로 1804년 납세를 거부하고 인티파다를 일으킨다. 당시 이 지역을 통치하던 오스만제국의 맘룩들을 몰아내고 울라마를 통하여 오스만 정부의 이집트 총독에게 조세 감면과 정책 결정에 이집트인 참여를 요구한다. 그러나 총독이 이를 거절하자 무장한 민중들은 총독을 제거하고 1805년 5월 알바니아 여단의 사령관인 무함마드 알리를 총독으로 선임하는데, 이것은 이집트 역사상 최초로 인티파다를 통해 민중의 권력 참여가 이루어진 사건이다.

이집트 총독이 된 무함마드 알리는 아라비아반도, 시리아 및 아나톨리아 반도의 동남부를 점령하고 1832년의 코냐전투에서 오스만군을 격파한다. 이에 오스만제국의 술탄은 1833년 휜카르 이스켈레시에서 러시아 황제와 맺은 조약에 의해 러시아의 보호를 받아 무함마드 알리의 침입을 저지하고 시리아, 아라비아반도 등 점령지역에서 무함마드 알리의 군대를 철수시킬 수 있게 되지만, 반면 이집트 지역에서 무함마드 알리의 영향력은 갈수록 강화되었다.

당시 오스만제국은 세르비아 등 동유럽 식민 지역의 반란으로 제국의 힘이 약해져 있었으므로 무함마드 알리의 총독직을 인준할 수밖에 없었던 것이다. 무함마드 알리는 그의 정권이 민중의 신임이나 맘룩의 협조나 술탄의 지지에 바탕을 두면 오래 지속할 수 없다고 생각하여 교육제도, 행정체계 및 군 조직의 강화를 추진하였다.

그는 1811년 아라비아의 와하비운동 진압 문제를 상의한다는 구실로 술탄과 영국의 앞잡이 노릇을 하는 맘룩 지도자들을 카이로에 초대하여 몰살시켜 버림으로써 1250년 이후 이집트 정치의 핵심 역할을 해 온 맘룩 세력을 근절하였다. 무함마드 알리는 권력을 장악한 후 서구의 제도를 받아들여 개혁을 단행하였으며, 총독제를 세습제로 바꾸는 등 일련의 변화를 꾀하였다.

나폴레옹 1세의 이집트 원정은 영국과 프랑스 간의 경쟁을 촉발시켜 이집트를 둘러싸고 영국과 프랑스는 지속적으로 경쟁을 하였는데, 1904년 영프협정 전까지 대치는 계속되었다. 이러한 상황 아래서 무함마드 알리는 서구의 이집트 정책을 전면적으로 부정할 수 없었기 때문에 그들의 정책 범위 안에서 이집트를 통치해 나갔다.

무함마드 알리는 그의 지위를 안정시키고 독립성을 확립하기 위하여 경제개혁을 실시하였는데, 맘룩들을 제거한 후 그들의 봉토를 왕실 소유로 만들어 최대의 지주가 되었다. 또한 면세 혜택을 주던 종교 기관의 재산과 공유 토지에도 세금을 부과하였으며, 무역의 국가 독점을 지향하여 세입을 증가시켰다. 그는 이러한 개혁 정책으로 이집트의 산업혁명을 시도하였으나, 성공하지는 못하였다. 또한 맘룩 군대가 터키인과 코카서스 등의 외국인으로 구성된 데 비해 무함마드 알리는 이집트 농민 출신을 중심으로 군대를 조직화하였는데 이는 이집트 민족주의 세력의 기반이 되었다.

서구의 지배와 서구 사상의 유입으로 정체성을 잃었던 아랍 이슬람세계는 19-20세기 사이에 아랍 민족국가들을 부활시켜 나갔는데, 이 과정에서 서구 세력은 때로는 민족주의자들의 활동 기반을 제공하기도 했다. 즉 서구와의 교류는 오스만제국의 속국의 처지에서 벗어나고자 했던 아랍 각 지역이 국가의 방향과 정체를 새롭게 정립하는 데 영향을 끼쳤다.

오스만제국이 힘을 잃어 가면서 청년 터키당은 그들의 정체성을 고민하였는데, 이러한 경험은 1918년 이후 오스만제국의 잔재가 사라지자 새롭게 태동하는 터키 민족국가에 긍정적인 영향을 끼쳤다.

3) 아랍 이슬람 국가들과 군사혁명

20세기에 접어들면서 오스만제국의 통치에 대한 아랍인들의 반감은 더욱 심화되었다. 특히 1916-1917년에 일어난 아랍인들의 반란은 오스만제국을 무너뜨리는 데 기여하였다. 제1차 세계대전 막바지에 비옥한 초승달 지대 아랍지역에서는 아랍국가 독립의 염원이 분출되는데, 시리아와 이라크의 왕 파이잘 등은 "우리는 무슬림이기에 앞서 아랍인이며, 무함마드는 예언자이기에 앞서 아랍인이다."라고 하면서 아랍 민족주의의 정체성을 확립해 나가고 있었던 것이다.

오스만제국의 몰락으로 1923년에 출범한 터키공화국은 1924년 칼리파제를 폐지하고 유럽을 모델로 한 성문법을 마련하였으며, 과거의 이슬람법 체계를 새로운 법률 규약으로 대체하였다. 이로 인하여 이슬람은 터키에서 국교로서의 지위를 상실하게 되었다. 무스타파 케말이 이끄는 새로운 터키 정부는 근대 민족국가를 목표로 한 개혁 사업을 진행하였는데, 1923-1938년에 이르는 15년 동안 각종 민생 법안을 정비하여 대중 생활의 변화를 촉구하였다.

그러나 이러한 근대화 정책에 국민들의 반발이 발생하자 이슬람이 대중 속으로 복귀하는 것을 허용하게 된다. 그럼에도 불구하고 터키는 종교적 색채를 배제한 세속적 정체성을 유지해 나갔다.

이집트의 경우 1922년 법적으로는 독립을 쟁취했지만, 앵글로-이집트 협정으로 반식민지 국가로 전락해 있었는데, 무함마드 알리의 이집트 왕조는 1952년 나세르를 중심으로 하는 자유장교단의 혁명에 의해 축출되고 이집트는 아랍 공화국이 된다.

결국 이집트는 나세르에 이르러 완전한 독립을 이룰 수 있었다. 나세르는 그의 뒤를 이은 사다트와 무바라크 등과 함께 혁명을 일으켜 이집트 왕정을 공화정으로 바꾼 인물로 근대 이집트 공화국의 아버지로 인식된다. 나세르는 1954년 영국에게 수에즈운하에서 손을 뗄 것을 요구했으며, 그 뒤 이집트의 무기 수입 건에 대하여 미국이 거부하자 소련에서 무기를 수입해 서구에서 비난의 대상이 되기도 했다. 그러나 나세르는 영국과 프랑스, 이스라엘 등이 일으킨 제2차 중동전쟁(수에즈전쟁)에서 수에즈운하의 국유화를 세계적으로 공인받음으로써 이집트인의 영웅이 된다.

이러한 이집트의 성공은 요르단과 이라크에도 영향을 미쳤다. 요르단의 왕 후세인 이븐 탈랄은 그의 군대를 지휘하던 영국 장교를 해고하고 군통수권을 강화했으며, 또한 프랑스는 1946년 시리아와 레바논의 독립을 승인하였다.

친서방의 이라크에서는 1958년 오스만에서 독립한 왕정인 하쉼가 출신 왕정을 무너뜨리고 혁명의 지도자인 카심 장군이 소련의 지원을 받으며 중립 외교정책을 채택함으로써 영국 위임통치 후 계속되어 온 독립왕조에서 공화국으로 변모하였다. 그 후 이라크는 박크르 장군의 쿠데타까지 3차례에 걸쳐서 정권이 바뀌었으며, 1979년 이후 사담 후세인이 정권을 장악하였다.

오스만제국의 지배력이 약해진 뒤 프랑스의 지배하에 있던 튀니지와 모로코에서도 민족주의가 성장하였는데, 모로코는 1954년까지 프랑스에 저항하다가 1956년에 이르러서 완전한 독립을 이룰 수 있었다.

또한 튀니지는 1705년 터키 지배로부터 통치권을 쟁취한 후 후세인 왕조를 창설하였다. 비록 오스만제국의 지배하에 있었지만 독립적으로 통치권을 행사하던 튀니지는 1881년 바르도조약으로 프랑스가 튀니지의 군사, 재정, 외교 보호권을 가지게 되고, 1883년 프랑스와 마르사조약을 체결함으로써 프랑스의 보호령이 된다. 이러한 상황 아래서 튀니지에서는 1908년 청년 튀니지 운동을 필두로 민족주의 독립운동이 발생하였다. 그러나 양차에 걸친 세계 대전으로 튀니지의 독립은 매우 늦어져 1956년에야 프랑스로부터 독립하게 된다.

튀니지는 1956년 하법 이븐 알리 부르기바가 초대 대통령으로 선출되면서 독립공화국으로 변신한다. 그 후 부르기바는 종신 대통령직을 수행하였지만, 1987년 자인 빈 알리 총리가 부르기바 대통령을 사직시키고 헌법 규정에 따라 제2대 대통령직에 취임하여 23년간 튀니지를 장기 지배하였다.

튀니지와 이집트는 오스만제국으로부터 독립한 왕정에서 또다시 군사혁명을 통해 공화정으로 바뀌었으나, 군인 중심의 공화정은 오랜 독재로 이어져 부정 부패와 경제문제가 누적되어 왔으며, 그것이 마침내 시민혁명으로 이어졌다.

반면 사우디아라비아를 중심으로 하는 아라비아반도에서의 민주화를 위한 민중 봉기는 이슬람의 바탕 위에서 근대화를 위한 길로 나서기 위한 시민들의 움직이었다. 즉 아라비아반도에서 엄격한 이슬람주의인 와하비즘에는 반대하고 이슬람식을 바탕으로 하지만 개방적이고 진보적인 방향으로 니아가고자 하는 젊은층과 시민들의 열망이 시위로 나타났던 것이다. 따라서 아라비아반도에서 발생한 시위는 북아프리카의 튀니지, 이집트의 시민운동과는 속성이 다른 것이다.

2. 중동의 전쟁

1) 중동전쟁

(1) 제1차 중동전(1948년, 일명 팔레스타인전, 독립전)

1948년 이스라엘이 건국하자 팔레스타인, 이집트, 트란스요르단, 이라크, 사우디아라비아, 시리아, 레바논 등의 국가가 이스라엘의 독립을 인정하지 않고 반대하면서 발발한 전쟁이다. 1945년 5월 18일 영국군이 철수하고 유대 민족주의자들이 이스라엘의 독립을 선포한다. 벤 구리온과 각료 12명으로 임시정부를 수립한 이스라엘은 팔레스타인 지역에 거점을 확보하였다. 이스라엘의 독립 선포는 아랍 제국들의 즉각적인 반발을 샀고, 아랍국가들은 대 이스라엘 선전 포고를 했다. 즉 제1차 중동전쟁은 이집트의 파룩 국왕, 트란스요르단의 압둘라 국왕, 이라크의 파이살 국왕, 사우디아라비아의 사우드 국왕 등 인접 왕국 왕들이 군대를 동원하고 시리아, 레바논 등의 군대까지 동원되어 대규모 전쟁으로 확대되었다.

(2) 제2차 중동전(1956년, 일명 수에즈전쟁, 시나이전)

이집트의 나세르가 수에즈운하 국유화를 선언하자 1956년 10월 29일 이스라엘은 군대를 신속하게 시나이반도로 투하시켜 시나이반도의 요충지를 점령하였다. 영국과 프랑스 양국 또한 이스라엘과 함께 이집트 공군기지를 폭격하여 이집트 공군기를 지상에서 거의 파괴하였으며, 공수부대의 기민한 작전으로 수에즈운하를 점령하였다. 이어 1956년 11월 4일 영국과 프랑스의 공수부대가 이집트의 부르 사이드에 투하되기에 이르렀는데 이것이 제2차 중동전쟁이다.

(3) 제3차 중동전(1967년, 일명 6월전쟁, 6일전쟁)

시리아, 요르단, 이집트의 연합세력과 이스라엘 간의 전쟁이다. 골란고원 소유권 등의 문제로 1967년 6월 5일에 발생하였다.

1966년 10월 이집트와 군사동맹을 맺은 시리아는 대 이스라엘 강경책을 더욱 촉진하였다. 당시 시리아 이스라엘 간에는 골란고원을 둘러싸고 긴장이 고조되고 있었다. 1967년 4월 제1차 중동전쟁의 정전협정에서 비무장지대로 설정된 골란고원 일대에 이스라엘이 농작물을 경작한다는 일방적인 조치를 발표하여 시리아를 자극하였다. 이것이 이스라엘 시리아 간 무력 충돌의 원인이 되었다.

1967년 6월 5일 새벽 이스라엘 공군은 공격 3시간 만에 아랍 제국의 비행기 400여 대를 폭격하여 파괴하였다. 이중 286대가 이집트의 비행기였으니 이집트는 초기에 이미 기선을 제압당하였던 것이다. 제3차 중동전쟁에서 아랍 측의 대패는 아랍국가들의 반성을 촉구했으며, 아랍은 단결만이 살아남을 수 있는 길이라는 생각을 굳히게 되었다. 제3차 중동전쟁에서 가자지구, 구 예루살렘지역, 요르단강 서안지역, 골란고원, 시나이반도의 8,600㎢가 새로이 이스라엘의 점령지가 되었다.

(4) 제4차 중동전(1973년, 일명 라마단전쟁, 욤키푸르전쟁)

1973년 10월 6일 이집트와 시리아가 연합하여 이스라엘을 기습공격함으로써 발생하였다. 이집트의 사다트 대통령은 과거 세 차례 중동전쟁에서 잃었던 영토를 회복하기 위해 전쟁 준비를 하고 있었다. 그는 1973년 6월 시리아의 아사드 대통령과 회동하면서 전쟁의 목적을 피점령지인 시나이반도의 회복에 한정한다는 것을 명백히 하였다. 1973년 10월 6일 이집트와 시리아가 수에즈 전선과 골란고원의 양 전선에서 이스라엘을 기습 공격함으로써 제4차 중동전쟁이 시작되었다. 이는 나세르가 입은 치욕적인 패배를 설욕하고 아울러 사다트 자신의 이미지를 부각시키는 데 목적이 있었다.

2) 이란-이라크전쟁(1980-1988)

1980년 9월 이란과 이라크 간에 아랍권의 맹주권 및 영토 분쟁으로 인하여 발생한 이란-이라크전쟁은 특히 양국의 국경지역인 샤뜨 알아랍 수로에 관한 영유권 문제가 직접적인 원인이 되었다. 전쟁은 표면적으로는 샤뜨 알아랍 수로의 영유권 문제와 이란이 강제로 점령한 호르무즈해협의 3개 도서의 반환 문제로 야기된 것이라고 할 수 있다. 그러나 이 전쟁은 맹주권, 즉 이라크 후세인의 정치적 야망과 혁명을 수출하고자 하는 호메이니의 혁명관이 서로 상충하면서 일어난 전쟁이라고 볼 수 있다.

3) 제1차 걸프전(1990-1991)

이라크는 이란과의 전쟁으로 막대한 경제적 손실을 입게 되었다. 또한 전후 복구 문제가 심각한 상태였으며 남아도는 군사력을 제대로 통제하지 못할 경우 쿠데타 발생 가능성도 있었다. 당시 이라크는 주요 수입원인 원유 가격 향방에 따라 경제가 큰 영향을 받는 상황이었다. 그러나 친미 성향의 사우디아라비아, 쿠웨이트가 증산을 함으로써 유가가 폭락하여 이라크 경제에 심각한 타격을 주었다. 후세인은 이의 해결을 위해 쿠웨이트를 병합하는 야망을 가지게 되었다.

이란과 이라크전쟁 중 미국은 이라크를 지지했으나, 전후 이라크는 독자적인 행동을 취하면서 반미로 돌아섰다. 이에 미국은 이라크의 쿠웨이트 합병 직전 대 이라크 무역 금지 조치를 시행하였다. 또한 후세인이 화학무기를 조성한다는 소문을 퍼뜨림으로써 후세인의 이미지를 손상시킨다.

1990년 2월 암만에서 열린 아랍정상회담에서 후세인이 미국 군대와 함대가 중동에 주둔해 있는 것을 비난하면서 미국이 유가를 농락하고 있다고 연설한 것이 발단이 되어 이라크와 미국 사이에 갈등이 깊어진다. 이 연설 직후부터 미국이 이라크를 계속 비난하면서 연설 당시 18-20달러 수준이던 유가가 11달러 수준까지 떨어졌다. 이 때문에 이라크는 수십억 달러의 손해를 입게 되었다. 후세인은 1990년 5월 28일 바그다드 아랍정상회담에서 미국과 친미 왕정 국가들의 유가 정책이 이라크에 대한 전쟁 행위라고 경고하면서 쿠웨이트 침공을 내비친다. 더구나 이라크가 이란과 전쟁 중일 때 쿠웨이트는 이라크 영내 70킬로미터 지점에 국경 검문소를 만들어 이라크를 자극하였다. 1990년 8월 2일 이라크가 쿠웨이트를 무력 침공하여 반나절 만에 합병함으로써 시작된 걸프전은 미국을 비롯한 다국적군이 무력 개입을 하면서 확산되었다.

이처럼 걸프전은 매우 복잡한 배경을 갖고 있지만, 압축적으로 본다면 세계경제의 원동력인 석유를 둘러싼 전쟁이라고 볼 수 있다.

4) 9 · 11 테러와 미국의 대 이라크 전쟁(제2차 걸프전)

2001년 9월 11일 오전 미국의 심장인 세계무역센터 쌍둥이 빌딩이 비행기와 충돌한 후 무너져 내리고 펜타곤에도 비행기가 충돌하는 테러가 발생했다. 이 사건은 과거 1979년도 이란에서의 미대사관 테러 사건 다음으로 미국에 큰 충격을 주었다. 이 사건의 배경에는 중동에서 과거부터 지속되어온 미국의 편파적이고 지속적인 친이스라엘 정책과 이슬람 문명에 대한 미국의 편협적인 시각에 대한 불만이 있었다고 볼 수 있다.

다른 한편으로 이 사건은 급진 이슬람 세력의 미국에 대한 적대적 감정이 얼마나 극단적인가를 단적으로 보여준다. 일반인들을 향한 테러는 어떠한 명분에서건 정의로울 수 없다. 그것이 어떠한 신념 체계와 가치 체계를 기반으로 한다고 해도 민간인에 대한 무차별 공격은 비난받아 마땅하다. 그러나 미국의 부시 행정부 내에서 전쟁을 지지했던 국방부 부장관 폴 월포위츠는 이라크에 대량살상무기나 장거리 미사일이 없다는 사실을 알고 있었음에도 불구하고 이라크가 대량살상무기를 운반할 수 있는 능력이 있다고 경고하였다. 또한 국무부 군축담당 차관 존 볼튼은 후세인이 유엔 사찰단의 복귀를 허용해 무장해제를 완료하는 것과 무관하게 워싱턴의 목적은 후세인 전복임을 분명히 했다.

정부 내의 강경파인 부통령 딕 체니, 국방부 장관 도널드 럼스펠드, 국가안보 보좌관 콘돌리자 라이스 등은 국가안보기관의 중추 세력인 동시에 친이스라엘파로 미국 내 이스라엘계 압력단체와 긴밀히 협력하고 있는 미국의 관료들이었다.

이스라엘계 압력단체는 이라크를 선제공격하는 것이 시급하다는 이스라엘 총리 아리엘 샤론의 주장을 지원했는데, 라이스는 억제 정책이나 봉쇄에는 관심이 없었고 단지 이라크에 대한 선제공격전략에만 집착하였다. 따라서 이라크가 대량살상무기를 보유하고 있다는 사실을 입증하는 증거가 없고, 9·11 테러 행위와의 관련성을 입증하는 증거도 전혀 없었는데도 불구하고 이라크에 대한 공격을 정당화하였던 것이다. 이라크에 대한 무력 공격 집착은 주변 중동 국가들에게도 그대로 적용되어 시리아와 이란이 그 대상이 되었는데, 이러한 정책에 따라 레바논 남부지역에서 이란과 시리아의 지원을 받는 헤즈볼라와 하마스 등을 무차별적으로 공격하였다.

3. 아랍과 이스라엘 간의 갈등

1) 점령지 반환 문제

1967년 제3차 중동전쟁에서 이스라엘은 골란고원, 가자지구, 요르단강 서안, 동예루살렘, 시나이반도를 점령하였다. 시나이반도는 1982년 4월 이집트에 반환하였으며, 가자지구와 요르단강 서안 지역에도 팔레스타인의 새로운 국가가 들어섰다. 그러나 골란고원은 이미 이스라엘과 시리아 간의 비밀 협상을 통해 '땅과 평화의 교환' 원칙에 합의했으나, 아랍문제에 대해 강경한 입장을 펴 온 리쿠드당의 네타냐후가 이스라엘 총리로 당선됨으로써 전면 협상이 위기에 봉착했다고 할 수 있다.

골란고원은 전략상 아주 중요한 곳이다. 이스라엘이 제3차 중동전쟁에서 골란고원을 점령한 이래 시리아가 1974년 제4차 중동전쟁에서 회복을 시도했으나 실패하였다. 해발 2000m인 이곳은 주변이 한눈에 내려다보이는 중요 요충지이다. 또 이곳은 이스라엘 수자원 1/3의 근원이기도 하여 이스라엘 정착민의 중요한 생활 근거이다. 이스라엘 내부에서도 평화협상은 과거 노동당의 라빈 총리의 반환 결정에 반대한 강경파와 보수적 유대인들의 도전을 받아왔다. 강경한 리쿠드당의 집권으로 상황은 더욱 어려워지게 되었다.

동예루살렘은 평화협상 후 최대의 걸림돌이 된 지역이다. 이곳은 기독교, 유대교, 이슬람 3대 종교의 성지로서 원래 1947년 UN에서는 국제관리하에 두도록 결정했으나, 1948년 제1차 중동전쟁에서는 요르단이, 다시 1967년 제3차 중동전쟁에는 이스라엘이 예루살렘을 점령하여 수도로 만들었다. 요르단과의 평화협상 과정에서 요르단이 동예루살렘 지역의 이슬람 사원 관할권을 주장하며 동예루살렘에 대한 정통성을 내세웠는데, 팔레스타인 또한 동예루살렘이 자신들의 수도라고 주장했다. 1993년 이스라엘의 이츠하크 라빈 총리와 팔레스타인해방기구의 야세르 아라파트 의장이 오슬로협정에 서명한 이후, 예리코시를 팔레스타인 자치 정부의 수도로 정했다. 그럼에도 불구하고 동예루살렘 문제는 지속적으로 팔레스타인 강경파의 반발을 샀으며, 이 문제는 팔레스타인의 대 이스라엘 투쟁 중 가장 큰 쟁점이 되는 문제이기도 하다.

이스라엘은 과거 예루살렘을 수도로 하였으나 국제법적으로 예루살렘은 그 어느 나라의 수도가 될 수 없는 지역이다. 그러나 2017년 미국의 트럼프가 예루살렘을 이스라엘의 수도로 인정하면서 아랍인들의 강력한 반발을 사고 있다. 이스라엘은 예루살렘 주위에 계속해서 정착민촌을 건설하고 있으며, 이곳을 자국 영토로 고수하는 입장은 절대적이다. 예루살렘은 팔레스타인 자치 정부, 이스라엘, 요르단 3국의 대립적 견해로 인해 언제나 중동문제의 핵심 이슈이다.

2) 유대인 정착촌 문제

이스라엘은 1967년 중동전을 통해 점령한 지역에 꾸준히 이주 유도 정책을 펼치면서 정착민촌을 건설해 왔다. 1970년대 이후 정착촌 건설이 더욱 가속화되어 요르단강 서안, 가자지구, 골란고원, 동예루살렘에 잇달아 정착촌을 건설했다. 1988년 2천 호이던 것이 1992년에는 1만 4천 호를 넘어섰으며, 오슬로협정을 무시하고 지속적으로 정착촌을 확대해 왔다. 팔레스타인 이스라엘의 평화 협상 체결 후 가장 큰 문제가 바로 이 지역에 거주하는 유대인 문제라고 할 수 있는데, 이스라엘의 정착촌 확대 문제는 아랍 과 이스라엘 사이의 평화 정착에 가장 큰 난제 중의 하나이다. 과거 아라파트도 두 지역에서 모든 유대 정착민이 무장해제할 것을 주장했으며, 정착촌 운영에 관한 협상을 끊임없이 요구했다.

과거 이스라엘 노동당 정권은 한때 정착촌 건설 확대에 반대하는 입장을 보이며 유화적 태도를 취하기도 했으나, 리쿠드당의 네타냐후 집권 이후 정착촌은 지속적으로 확대되었다. 특히 정착촌 확대에 막대한 자금을 투입하고 팔레스타인과 이스라엘 사이의 분리장벽을 세운 이스라엘은 쉽사리 이 지역의 정착촌을 포기하지 않을 것으로 전망된다.

중동평화협상에서 가장 중요한 역할을 해 왔던 미국 또한 정착촌 확대에 반대 입장을 표명하였지만 실제 영향력보다는 형식적인 움직임만 보여 왔기 때문에, 이스라엘 정착촌은 이스라엘이 스스로 철거하지 않는 한 팔레스타인과 이스라엘 간의 영원한 분쟁 지역으로 남을 수밖에 없다.

3) 수자원 문제

이스라엘 국민의 식수 1/3은 바니야스 강으로부터 나온다. 이 강의 발원지가 골란고원인데, 골란고원은 제 3차 중동전 즉 6월전생에서 이스라엘이 시리아로부터 점령한 지역이다. 골란고원은 해발 2000m의 고원지대로 이스라엘과 시리아 양국 모두에게 전략적 요충지이다. 또한 이스라엘 식수원 중 하나인 갈릴리 호수의 물도 골란고원에서 1/3이 흘러들어 온다. 이스라엘은 골란고원에도 정착촌을 건설하였으며, 이스라엘인들은 골란고원의 시리아 반환에 결사 반대 입장을 보이고 있다.

이 강을 시리아에 내주면 생존까지 위협받을 수 있다는 것이 이스라엘의 생각이다. 이스라엘 강경파들은 이 문제를 최대한 활용해 왔다. 과거 2000년도에 이스라엘의 에후드 바라크 총리와 시리아의 하피즈 알아사드 시리아 대통령은 골란고원의 시리아 반환 문제에 대하여 협상을 벌이고자 했으나 양측의 이해 차이가 너무 커서 결렬되었다. 현재는 시리아 내전 문제로 골란고원 반환 문제와 수자원 문제가 수면 아래에 가라앉아 있으나 시리아가 안정되면 언제든 시리아와 이스라엘 간의 갈등을 다시 고조시키는 쟁점이 바로 이 수자원을 둘러싼 골란고원 반환 문제가 될 것이다. 이 지역의 팔레스타인인들은 유대인들에게 급수 할당량을 엄청나게 차별받고 있다.

4) 테러 문제

중동평화협상 과정에서 항상 난관에 봉착했던 것이 보복에 또 보복이 점철된 아랍과 이스라엘의 과격파 문제이다. 이 문제는 단지 아랍과 이스라엘에 대한 테러를 넘어 이스라엘 내부에서도 큰 문제이다. 이스라엘 라빈 총리는 팔레스타인과의 평화협정으로 자국 내의 우익 강경파에게 암살되었으며, 중동 평화의 선구자 역할을 했던 사다트 전 이집트 대통령, 레바논의 바시르 전 대통령, 레바논 하리리 전 총리 등도 극우·극좌 과격 단체들에 의해 희생되었다.

1994년 2월 평화협상 진행 중 유대 과격파의 총기 난사로 헤브론 학살사건이 발생하여 190명의 사상자를 냈으며, 1995년 8월 20일에는 텔아비브에서 이슬람 과격 단체인 하마스의 폭탄 테러로 30명의 사상자를 냈다. 1996년 4월 20일에는 레바논에 거점을 둔 헤즈볼라 게릴라들의 테러가 발생, 이스라엘은 레바논을 공격했다.

또한 2006년에는 이스라엘이 레바논 남부의 헤즈볼라 거점지역을 공격함으로써 레바논 남부지역은 거의 패닉상태가 되기도 하였다. 이 사건은 미국의 중재로 잠정적 휴전에 들어갔으나 언제 터질지 모르는 화약고로 남아 있다. 그 후 2014년을 전후해 이라크와 시리아에서 발생했던 ISIS와 그 추종 세력들의 무분별한 전 세계적인 테러 등은 테러 문제가 지구촌에 언제든 위협을 가할 수 있고 중동을 불안케 하는 요소임을 말해 준다.

아랍이든 이스라엘이든 이들 과격파 테러 단체들은 앞으로도 중동 평화를 위협하는 가장 위험한 요소이다. 이 문제를 해결할 뚜렷한 방안은 아직 보이지 않는 실정이다.

6장

아랍어

- 오른쪽에서 왼쪽으로 쓰고 읽는다

아랍어는 아라비아반도와 북아프리카를 포함하는 중동지역 22개 국(아랍연맹 가입국)에서 약 3억 5천만 명이 사용하는 모국어 또는 공용어이다. 영어, 프랑스어, 러시아어, 스페인어, 중국어와 더불어 국제연합(UN)의 6개 공용어 중의 하나이며, 57개국 회원국으로 가입되어 있는 이슬람협력기구(OIC)의 공식어이다. 또한 이슬람의 경전인 코란이 아랍어로 기록되어 있기 때문에 약 18억 명에 달하는 이슬람 교도들(무슬림)의 종교 언어이기도 하다. 이렇듯 아랍어는 전 세계 인구의 약 1/4과 소통하고 상생하기 위해 필요한 매우 중요한 언어라고 할 수 있다.

아랍 및 중동지역은 경제적인 측면뿐만 아니라 국제정치 측면에서도 우리에게 매우 중요한 지역이다. 잘 알다시피 우리나라 원유의 대부분을 아랍지역에서 수입할 뿐만 아니라, 중동지역은 자동차와 가전제품을 중심으로 한 우리나라 상품의 주요 수출 시장이다. 만일 원유 수입에 차질이 생긴다면 우리나라는 공장이 멈추고 자동차가 멈춰서게 될 것이다. 아랍과 우리나라는 많은 측면에서 상호 보완적이고 동반자적인 관계에 있다고 할 수 있다.

결국 우리는 이런저런 이유로 아랍어를 무시할 수 없다는 결론에 이르게 된다. 최근 각종 테러와 관련된 우려감으로 인해 아랍, 아랍인, 아랍어, 이슬람과 같은 말들이 부정적으로 들리는 경향이 있다고 하더라도 말이다. 위험 요소가 있을수록 무조건 기피하거나 거부하기보다는 배워서 알고 현명하게 대처하는 것이 필요할 것이다. 무엇보다 아랍의 다양한 장점들을 효과적으로 활용하기 위해서는 아랍어를 배워야 할 필요가 있다.

1. 아랍어의 알파벳과 발음부호

1) 아랍어의 알파벳

아랍어 알파벳은 28개의 자음으로만 구성되어 있다. 아랍어는 오른쪽에서 왼쪽으로 쓴다. 아랍어는 장모음과 단모음이 있어서 마치 랩이나 창을 하는 듯한 느낌을 가질 수 있다. 그래서 어떤 사람은 아랍어 낭송을 듣고 마치 노래를 듣는 것과 같다고 말하기도 한다.

알파벳	명칭	대표음 표기	알파벳	명칭	대표음 표기
ا	알리프 함자	ㅇ	ض	돠~드	ㄷ
ب	바~	ㅂ	ط	따~	ㄸ
ت	타~	ㅌ	ظ	다(자)~	ㄷ(ㅈ)
ث	싸~	ㅅ	ع	아~인	ㅇ
ج	짐~	ㅈ	غ	가~인	ㄱ
ح	하~	ㅎ	ف	파~	ㅍ
خ	카~	ㅋ	ق	까~프	ㄲ

د	달~	ㄷ	ك	카~프	ㅋ
ذ	달~	ㄷ	ل	람~	ㄹ
ر	라~	ㄹ	م	밈~	ㅁ
ز	자~이	ㅈ	ن	눈~	ㄴ
س	신~	ㅅ	ه	하~	ㅎ
ش	쉰~	ㅅ	و	와~우	ㅇ
ص	쏴~드	ㅆ	ي	야~	ㅇ

이상의 표를 보면 자음의 형태는 다른데 동일한 명칭과 동일한 대표음을 가진 자음들이 여러 개 있다. 실제 소리는 조금씩 차이가 나지만 우리말로 정확하게 표기할 수 없는 자음들이 여러 개 있기 때문이다.

2) 아랍어의 모음

모음에는 단모음, 장모음, 이중모음 3가지가 있다. 우선 단모음에는 '아' 소리가 나는 모음(아랍어로는 '파트하'), '우' 소리가 나는 모음(아랍어로는 '담마'), '이' 소리가 나는 모음(아랍어로는 '카스라')의 3가지가 있다. 장모음에는 '아~' 소리가 나는 장모음('아' 단모음+알리프), '우~' 소리가 나는 장모음('우' 단모음+와우), '이~' 소리가 나는 장모음('이' 단모음+야)의 3가지 있다. 이중모음에는 '아' 단모음 뒤에 자음 '와우'가 모음 없이(이때 자음 위에 조그마한 동그라미를 표기하는데 이를 '수쿤'이라고 한다.) 오는 경우인 '아우'와 '아' 단모음 뒤에 자음 '야'가 모음 없이 오는 경우인 '아이'의 2가지가 있다.

3) 발음부호

아랍어에는 모음이 많지 않아 다양한 발음을 하기 위해서는 보조적인 발음부호들이 필요하다. 이를 통해 실제 필요한 다양한 발음들을 소화하고 있다. 대표적인 발음부호로는 '수쿤, 샷다, 맛다, 탄윈, 타 마르부타'가 있다.

첫째, 수쿤은 자음이 모음(아, 우, 이)을 갖지 않는 상태를 표시할 때 사용하는 부호로써, 자음 위에 작은 동그라미로 표기한다. 단, 아랍어 단어의 첫 번째 자음이 모음 없는 수쿤으로 시작되는 경우는 없다. 둘째, 샷다는 같은 자음이 연달아 올 때 사용되는 부호로서, 이때 앞의 자음에는 모음이 없고 뒤의 자음에는 모음이 있다. 샷다의 표기는 영어 알파벳 'w'나 아라비아 숫자 '3'을 옆으로 비스듬히 눕힌 것처럼 하며, 자음 위에 표기하게 된다. 셋째, 맛다는 알리프 함자 뒤에 알리프 함자가 하나 더 오거나 알리프가 오는 경우에 사용되는 부호로서, 알리프 위에 물결 모양(~)을 붙인다. 발음은 '아~'처럼 장모음으로 한다. 넷째, 탄윈은 단어의 마지막 모음에 표기되며, 어말에 'ㄴ'음을 부가하는 발음부호이다. 다섯째, 타 마르부타는 ة의 형태로 음가는 '트'이며 단어의 어말에만 붙인다. 타 마르부타로 끝나는 말은 대부분 여성명사나 여성형용사이다. 그러나 예외적으로 이슬람에서 계승자라는 의미의 단어 칼리파는 타 마르부타로 끝나지만 남성명사이다. 왜냐하면 이슬람에서는 여성 칼리파가 없기 때문이다.

2. 알파벳의 위치에 따른 모양 변화

아랍어 단어가 자음들을 결합하여 만든다는 점을 생각해 보면 어떤 자음이 단어의 처음에 오는 경우(어두형)가 있고, 중간에 오는 경우(어중형)도 있으며, 마지막에 오는 경우(어말형)도 있다는 것을 알수 있다. 하나의 자음이 단어의 어느 위치에 오는가에 따라 모양이 달라질 수도 있다. 대부분은 시각적으로 구별할 수 있지만 처음 아랍어를 배우는 경우에는 구별이 쉽지 않을 수도 있다.

알파벳을 결합하여 단어를 만들 때 주의해야 하는 부분은 '분리문자'이다. 분리문자는 알파벳 28자 중 뒤에 오는 문자와 연결하여 쓰지 않는, 즉 분리하여 쓰는 자음을 말하며, '알리프(ا), 달~(د), 달~(ذ), 라~(ر), 자~이(ز), 와~우(و)'의 6개가 있다. 나머지 자음들은 모두 뒤에 오는 자음과 붙여서 쓰게 된다.

알파벳 명칭	독립형	어두형	어중형	어말형
알리프 함자	ا	ا	ـا	ـا
바~	ب	بـ	ـبـ	ـب
타~	ت	تـ	ـتـ	ـت
싸~	ث	ثـ	ـثـ	ـث
짐~	ج	جـ	ـجـ	ـج
하~	ح	حـ	ـحـ	ـح
카~	خ	خـ	ـخـ	ـخ
달~	د	د	ـد	ـد
달~	ذ	ذ	ـذ	ـذ
라~	ر	ر	ـر	ـر
자~이	ز	ز	ـز	ـز
신~	س	سـ	ـسـ	ـس
쉰~	ش	شـ	ـشـ	ـش
쏴~드	ص	صـ	ـصـ	ـص
돠~드	ض	ضـ	ـضـ	ـض
따~	ط	طـ	ـطـ	ـط
다(자)~	ظ	ظـ	ـظـ	ـظ
아~인	ع	عـ	ـعـ	ـع
가~인	غ	غـ	ـغـ	ـغ
파~	ف	فـ	ـفـ	ـف
까~프	ق	قـ	ـقـ	ـق
카~프	ك	كـ	ـكـ	ـك
람~	ل	لـ	ـلـ	ـل
밈~	م	مـ	ـمـ	ـم
눈~	ن	نـ	ـنـ	ـن
하~	ه	هـ	ـهـ	ـه
와~우	و	و	ـو	ـو
야~	ي	يـ	ـيـ	ـي

3. 기초 어휘 익히기

사자	책상; 사무실	신발
(아싸둔) أَسَدٌ	(마크타분) مَكْتَبٌ	(히다~운) حِذَاءٌ
집	줄(밧줄)	소녀들
(바이툰) بَيْتٌ	(하블룬) حَبْلٌ	(바나~툰) بَنَاتٌ
책	동상	나무
(키타~분) كِتَابٌ	(팀살~룬) تِمْثَالٌ	(샤자라툰) شَجَرَةٌ
순례	신문	말
(핫준) حَجٌّ	(자리~다툰) جَرِيدَةٌ	(히싸~눈) حِصَانٌ
수박	닭	빵
(밧띠~쿤) بَطِّيخٌ	(다자~준) دَجَاجٌ	(쿠브준) خُبْزٌ
자전거	할머니	요리사
(다르라~자툰) دَرَّاجَةٌ	(잣다툰) جَدَّةٌ	(땁바~쿤) طَبَّاخٌ
라디오	표	돈
(라~디유) رَادِيُو	(타드키라툰) تَذْكِرَةٌ	(누꾸~둔) نُقُودٌ
귀	자동차	학생
(우드눈) أُذُنٌ	(사이야~라툰) سَيَّارَةٌ	(틸미~둔) تِلْمِيذٌ
소	바나나	기린
(바까룬) بَقَرٌ	(마우준) مَوْزٌ	(자라~파툰) زَرَافَةٌ
가젤	모스크	침대
(가잘~룬) غَزَالٌ	(마스지둔) مَسْجِدٌ	(사리~룬) سَرِيرٌ
창문	5	엘리베이터
(슙바~쿤) شُبَّاكٌ	(캄사툰) خَمْسَةٌ	(미쓰아둔) مِصْعَدٌ
셔츠	버스	스포츠
(까미~쑨) قَمِيصٌ	(바~쑨) بَاصٌ	(리야~다툰) رِيَاضَةٌ
계란	간호사	의사
(바이다툰) بَيْضَةٌ	(무마르리다툰) مُمَرِّضَةٌ	(따비~분) طَبِيبٌ
눈	안경	거리
(아이눈) عَيْنٌ	(낫다~라툰) نَظَّارَةٌ	(샤~리운) شَارِعٌ

세탁기	박물관	과일
(갓살~라툰) غَسَّالَة	(마트하푼) مَتْحَف	(파~키하툰) فَاكِهَة
가방	개	기차
(하끼~바툰) حَقِيبَة	(칼분) كَلْب	(끼따~룬) قِطَار
부엌칼	접시; 요리	우유
(싯키~눈) سِكِّين	(따바꾼) طَبَق	(라바눈) لَبَن
피라미드	생선	장미
(아흐라~문) أَهْرَام	(사마쿤) سَمَك	(와르다툰) وَرْدَة
낙타	남자 아이	차
(자말룬) جَمَل	(왈라둔) وَلَد	(샤~윤) شَاي
꽃	커피	얼굴
(자흐라툰) زَهْرَة	(까흐와툰) قَهْوَة	(와즈훈) وَجْه

4. 생활 아랍어

1) 만남과 헤어짐의 인사말

아랍인들은 서로의 안부를 묻고 인사를 나눌 때 일반적으로 악수를 한다. 절친한 친구 사이거나 가족인 경우에는 상대방과 가볍게 포옹을 하면서 뺨에 입맞춤을 하기도 한다. 물론 이와 같은 인사는 주로 동성(남자와 남자, 여자와 여자) 간에 이루어진다. 이성 간인 경우에도 가족들은 악수나 포옹, 뺨 인사를 하는 경우도 있지만, 보통의 관계에서는 말로만 인사를 하게 되며, 여성이 먼저 악수를 청하는 경우도 있다. 아랍인들은 일반적으로 허리를 숙이거나 머리를 조아려 인사를 하지 않는다. 대부분이 무슬림(이슬람신도)들인 아랍인들은 예배를 드릴 때 외에는 허리를 굽히거나 머리를 숙여 인사를 하지 않는다.

만남의 인사말	안녕하세요. (* 이 말은 '당신에게 평화가 있기를'이란 뜻이다.)	اَلسَّلَامُ عَلَيْكُمْ. (앗살라~무 알라이쿰.)
	안녕하세요.(응답)	وَعَلَيْكُمُ السَّلَامُ. (와알라이쿠뭇 살~람.)
	반갑습니다.	مَرْحَبًا. (마르하반.)
	반갑습니다.(남성에게)(응답)	مَرْحَبًا بِكَ. (마르하반 비카.)
	반갑습니다.(여성에게)(응답)	مَرْحَبًا بِكِ. (마르하반 비키.)
	좋은 아침입니다.	صَبَاحَ الْخَيْرِ. (싸바~할 카이르.)
	좋은 아침입니다.(응답)	صَبَاحَ النُّورِ. (싸바~한 누~르.)
	좋은 저녁입니다.	مَسَاءَ الْخَيْرِ. (마사~알 카이르.)
	좋은 저녁입니다.(응답)	مَسَاءَ النُّورِ. (마사~안 누~르.)
	어떻게 지내세요?	كَيْفَ الْحَالُ؟ (카이팔 할~루?)
	잘 지냅니다.	بِخَيْرٍ، اَلْحَمْدُ لِلَّهِ. (비카이르, 알함두릴라.)
헤어짐의 인사말	안녕히 가세요.	مَعَ السَّلَامَةِ. (마앗 살라~마.)
	안녕히 가세요.(응답)	مَعَ السَّلَامَةِ. (마앗 살라~마.)
	또 만나요.	إِلَى اللِّقَاءِ. (일랄 리까~.)
	또 만나요.(응답)	إِلَى اللِّقَاءِ. (일랄 리까~.)

2) 자기소개 표현들

당신(남)은 누구세요?	مَنْ أَنْتَ؟ (만 안타?)
나는 무함마드입니다.	أَنَا مُحَمَّدٌ.* (아나~ 무함마드.)
당신(여)은 누구세요?	مَنْ أَنْتِ؟ (만 안티?)
나는 파띠마입니다.	أَنَا فَاطِمَةُ. (아나~ 파~띠마.)
당신(남)은 어디 출신인가요?	مِنْ أَيْنَ أَنْتَ؟ (민 아이나 안타?)
나는 이집트 출신입니다.	أَنَا مِنْ مِصْرَ. (아나~ 민 미쓰르.)
당신(여)은 어디 출신인가요?	مِنْ أَيْنَ أَنْتِ؟ (민 아이나 안티?)
나는 한국 출신입니다.	أَنَا مِنْ كُورِيَا. (아나~ 민 쿠~리~야.)

3) 묻고 답하기 표현들

이것은 뭐에요? (* 이 경우에 남성형인 '하~다'를 쓴 것은 가리키는 대상이 '강아지'이고 '강아지가' 남성이기 때문이다.)	مَا هَذَا؟ (마~ 하~다?)
이것은 강아지야.	هَذَا كَلْبٌ. (하~다 칼브.)
이것은 무엇인가요? (* 이 경우에 여성형인 '하~디히'를 쓴 것은 가리키는 대상이 '커피'이고 '커피'가 여성이기 때문이다.)	مَا هَذِهِ؟ (마~ 하~디히?)
이것은 커피입니다.	هَذِهِ قَهْوَةٌ.* (하~디히 까흐와.)

저것은 뭐에요? (* 좀 멀리 있는 사물을 가리킬 때 그 대상이 남성이면 '달~리 카'라는 지시대명사를 사용한다.) 저것은 빵입니다.	مَا ذَلِكَ؟ (마~ 달~리카?) ذَلِكَ خُبْزٌ. (달~리카 쿱즈.)
저것은 무엇인가요? (* 좀 멀리 있는 대상이 여성일 경우 '틸카'라는 지시대명사를 사용한다.)	مَا تِلْكَ؟ (마~ 틸카?)
저것은 나무입니다.	تِلْكَ شَجَرَةٌ. (틸카 샤자라.)

생활아랍어에서는 어말의 모음을 발음하지 않고 모두 스쿤으로 읽으므로 이에 알맞게 표기하였으며 타 마르부타도 발음하지 않는다. (예: 칼분→칼브, 까흐와툰→까흐와)

7장

아랍의 경제

- 석유가 좌우한다

1. 지표로 살펴보는 아랍 경제의 현주소

2014년부터 저유가가 지속되면서 GCC(Gulf Cooperation Council) 산유국의 재정은 2015년에 들어서면서 적자를 기록하기 시작하였다. GCC 주요 산유국의 2015년 재정 적자 규모는 사우디아라비아 980억 달러, 쿠웨이트 271억 달러, 카타르 128억 달러, 아랍에미리트 102억 달러를 기록하였다. 원유 시장에서는 이란에 내려진 경제제재가 해제되면서 과잉 공급의 우려로 유가가 더욱 하락할 것이라는 전망이 지배적이었다. 당시 EU중앙은행 측이 저유가에 대응하겠다고 발표한 이후 40달러 선으로 유가가 회복되었지만, 러시아, 카타르, 베네수엘라, 사우디아라비아가 석유 감산 합의를 이끌어내지 못하면서 그 회복세가 다소 꺾였다. 이에 따라 2016년 들어 사우디아라비아를 비롯하여 쿠웨이트, 아랍에미리트 등이 외국인 노동자들을 대상으로 하여 대대적인 구조조정을 단행하고 집단 해고 조치를 취한 바 있다.

저유가에 타격을 받아 오다 2016년 12월, 석유수출국기구(OPEC: Organization of Petroleum Exporting Countries)와 러시아 등 비(非)OPEC 11

개 산유국이 산유량을 감축하는 데 합의하였다. 이에 따라 2017년 1월 1일부터 OPEC 회원국은 일평균 120만 배럴, 비OPEC 회원국은 일평균 55만 8,000배럴씩, 일평균 총 175만 8,000 배럴을 감산해 왔다. 합의한 감산량은 세계 원유 생산량(하루 9,720만 배럴)의 1.8%를 차지한다. 2017년 첫 거래일인 1월 3일 서부텍사스산원유(WTI: West Texas Intermediate)와 북해산 브렌트유(Brent) 가격은 감산에 따른 기대 효과로 각각 55달러를 돌파하였고, 두바이유 또한 50달러 선을 넘어섰다. 2016년 11월 말 배럴당 40달러 중반에 머물던 유가에 감산이라는 요소가 긍정적으로 작용한 것이다.

하지만 OPEC의 유가 조절 체제는 그 역사를 보았을 때 실패를 거듭해 왔다. OPEC 차원에서의 생산량 조절 시도는 1983년, 1990년대, 2000년대, 그리고 이번의 조치까지 모두 네 차례 있었으나 앞선세 차례의 시도는 모두 실패로 끝났다. 회원국의 쿼터 위반, 수요 예측 실패 등이 원인이었다. 이번 네 번째 조절 체제에는 비OPEC 국가들이 참여함으로써 전문가들은 그 성공 가능성이 높다고 전망하고 있지만, 유가가 상승할수록 배신의 유혹은 점차 커질 것이며 OPEC 차원에서 제재를 가할 법적 수단이 없는 상태이다.

한편 지속되는 저유가는 GCC 산유국에 재정적 부담으로 계속 작용한다. 이는 GCC 국가의 재정 수입 대비 원유 및 가스 수출액 비중이 높은 것에서 기인한다. 2013년을 기준으로 재정 수입 대비 원유 및 가스 수출액 비중은 사우디아라비아 89.5%, 쿠웨이트 92.1%, UAE 84.4%, 카타르 56.3%를 기록할 만큼 원유 및 가스 부문이 국가 재정에서 차지하는 비중이 높다. 따라서 저유가는 석유 중심의 산업이 발달해 있는 GCC 산유국의 재정에 심각한 타격을 초래하였으며, 결과적으로 정부 지출 감소로 인한 비석유 분야에 대한 투자를 위축시킬 것으로 보인다.

한편 GCC 산유국은 1970년대 두 차례의 석유파동 시기에 석유 수출을 통하여 막대한 재정을 확보하였으며, 이를 기반으로 대형 건설 프로젝트를 진행하면서 경제성장을 위한 인프라를 구축하여 왔다.

GCC 지역의 산유국은 1970년대 발생했던 두 차례의 석유파동 시기에, 원유 증산을 위한 인프라를 단기적으로 확충할 목적으로 부족한 노동력을 해외로부터 수입하였다. 이는 산유국이 인프라 확충을 통해 규모의 경제를 실현하기 위한 정책의 일환이었으며, 당시 우리나라에서도 많은 노동자들이 사우디아라비아, 리비아 등지로 진출하여 노동력을 제공한 바 있다. 특히 GCC의 6개 국가(바레인, 쿠웨이트, 오만, 카타르, 사우디아라비아, 아랍에미리트)는 공통적으로 해외 노동력에 크게 의존하는 경향을 보여 왔다. 하지만 1982년부터 시작된 유가 하락으로 인하여 재적 흑자 규모가 줄어들었고 1986년에 들어서 유가가 약 50% 하락하면서 GCC 산유국은 재정적으로 어려움을 겪은 바 있다. 이는 2005년부터 2014년까지 이어진 고유가 시대가 끝나고 현재 GCC 산유국이 저유가로 재정 적자를 겪고 있는 모습과 유사하다고 볼 수 있다.

GCC 산유국은 2014년 중반까지 고유가의 수혜를 받으며 확보한 오일머니를 이용하여, 산업 다각화를 위해 다수의 대형 건설 프로젝트를 발주하고 진행해 왔다. 건설 프로젝트를 진행하면서 GCC 지역의 산유국 대부분은 해외 이주 노동자들을 적극적으로 활용해 왔고, 이주 노동자들이 자국으로 송금하는 액수는 프로젝트의 규모 및 수가 증가함에 따라 가파르게 상승하였다. World Bank의 자료에 따르면, 중동 및 북아프리카 지역의 해외 송금 규모는 2014년 7.7% 증가하면서 세계에서 가장 높은 성장세를 보였다. 이는 유가의 상승을 기반으로 중동 산유국이 산업 다각화를 위해 인프라 건설 프로젝트를 대거 발주하였고, 해외로부터 노동력이 급속히 유입된 것에서 기인한 것으로 보인다. 국제노동기구(ILO: International Labour Organization)의 조사에 따르면, GCC 국가 내 이주 노동자의 수는 약 2,200만 명으로 추산되며 민간 부문에서는 전체 노동자의 약 90%가 이주 노동자이다. 국가별로는 사우디아라비아에 약 900만 명(민간 부문 노동력의 89%), UAE 780만 명(UAE 전체 인구의 약 84.7%), 쿠웨이트 150만 명(민간 부문 노동력의 93%), 카타르 115만 명(카타르 전체 인구의 약 94%)으로 이주 노동자들이 GCC 지역 산유국 내에서 차지하는 노동력이 매우 높은 것으로 나타났다.

GCC 산유국의 인프라 구축 프로젝트는 대체로 국가 주도로 진행되며 정부는 원유 수출을 통하여 대부분의 투자 자금을 충당하기 때문에 유가의 변동에 따라 이러한 프로젝트는 크게 영향을 받는다. 유가의 변동에 따른 인프라 구축 프로젝트의 규모 및 발주 수의 변동은 GCC 산유국 내의 해외 이주 노동자의 수와도 밀접한 관련이 있을 것으로 보이며, 해외 이주 노동자들이 자국으로 송금하는 임금 액수와도 연관성이 있을 것이다. 실제로 1년 이상 지속되는 저유가의 여파로 인하여, 산유국의 신규 프로젝트 발주 물량이 줄어들었고 이에 따라 2015년의 중동 및 북아프리카 지역 해외 송금 규모는 1.1% 상승하는 데 그쳤다.

저유가 → GCC 주요 산유국의 재정 적자

노동력 수요 감소 → 건설 및 인프라 프로젝트 감소

아랍 지역의 산유국은 고유가 시기에 오일머니를 통하여 부를 축적하였다. 하지만 2010년 12월 튀니지에서 촉발된 아랍의 민주화 혁명은 아랍 경제에 전반적으로 악영향을 미쳤다. 특히 비산유국의 경우 국가 GDP의 많은 부분을 차지하고 있었던 관광 부문이 민주화 혁명으로 촉발된 국내 치안 불안정으로 인하여 타격을 입었다. 이로 인하여 해외로부터의 관광객이 줄어들면서 관광에 의존하던 몇몇 아랍국가들이 경제적으로 타격을 입었으며, 해외로부터의 투자 또한 정세 불안으로 인하여 줄어들게 되었다.

민주화 혁명 이전 전체 아랍국가의 평균 경제성장률은 5.8%로 높은 수준을 유지하였지만 민주화 혁명이 발생한 2009년에는 0.4%로 급락하였고 이후 회복세를 보이다가 저유가, IS와 같은 극단주의 세력의 등장 등으로 인하여 경제성장률은 3%대에 머물고 있다. 즉, 현재 민주화로의 이행에서 발생하는 정세 불안과 저유가라는 이중고 속에서 아랍의 경제성장은 점차 둔화하고 있다.

2. 아랍의 주요 산업

아랍의 산업은 석유 및 가스 산업이 주를 이룬다. 석유 및 가스 산업이 전체 산업의 65.7%를 차지하며, 산유국의 경우 석유 및 가스 산업에의 의존도는 더욱 크다. 이어 기타 서비스, 관광, 금융, 운송, 무역 등의 순이다. 주목할 점은 아랍의 산업구조에서 제조업이 차지하는 비중이 4%로 매우 적다.

제조업은 국가 경제의 기초가 되는 산업이며 다수의 일자리를 창출할 수 있는 중요한 산업이기도 하다. 하지만 아랍의 경제는 제조업보다는 석유 및 가스와 같은 천연자원에 매우 치중된 산업구조여

구두 제작공(알제리 알제 시내)

서 인프라 확장을 통한 일자리 창출 및 기술 발전을 도모하기에는 상대적으로 힘든 구조이다.

아래에서는 아랍의 주요 국가별(사우디아라비아, 쿠웨이트, 카타르, 아랍에미리트, 이집트) 산업구조를 살펴본다.

1) 사우디아라비아

사우디아라비아는 석유 부문이 정부 재정수입의 약 90%를 차지하는 석유 의존형 산업구조이다. 1970년대 석유 부문은 GDP의 80% 수준이었지만 현재 산업 다각화를 통하여 석유 부문은 GDP의 40% 수준으로 감소하였다. 하지만 국제 유가 하락과 산업 다각화를 위한 재정지출 확대로 인하여 2014년부터 GDP의 3.4% 규모의 적자가 나타났으며, 현재는 재정 적자가 더욱 심화되고 있는 상황이다. 저유가 기조가 장기화되면서 석유 부문의 수익성 악화와 미래에 대한 부정적인 전망으로 인하여 원유 탐사 등 석유 부문에 대한 투자를 줄이는 반면 산업 다각화를 위한 투자에 힘쓰고 있다.

한편 석유 및 석유화학, 공공 부문에 집중된 경제구조를 다변화하기 위하여, 경제 인프라나 제조업 등과 같은 비석유 분야에 투자를 늘리고 있으나, 제조업 및 서비스 산업 육성 및 다변화는 아직까지 만족할 만한 성과를 거두지 못하고 있다. 전력, 담수, 인프라 부문의 민영화를 지속적으로 추진하고 있으며 리야드 킹 칼리드 국제공항과 사우디아라비아국영석유공사(ARAMCO)의 민영화를 추진하고 있다. 석유 부문 산업을 제외하면 비금속광물 및 식료품 산업의 자본 규모 및 인력 규모가 큰 비중을 차지한다. 제9차 5개년 개발계획에 따르면 2020년까지 GDP 내 제조업 비중을 20%로 확대하고 제조업 제품의 수출 비중을 전체 수출의 30%로 늘리는 등의 계획을 수립하였으며, 자동차 및 자동차 부품, 금속 가공업, 기계장비, 건설자재, 포장용기 제조업 등과 같은 5개 육성 업종을 선정한 바 있다.

2) 아랍에미리트(United Arab Emirates, UAE)

아랍에미리트 역시 석유 및 가스 부문의 산업 비중이 높다. 토후

국별로 볼 때 가장 부유한 아부다비는 석유 및 가스 산업의 비중이 높으며, 두바이는 항공, 관광, 무역, 서비스 산업 부문의 비중이 높다. UAE의 전반적인 산업별 GDP 기여도는 석유 및 가스 부문이 가장 높고, 건설, 소매, 서비스, 금융 산업이 그 뒤를 잇는다.

UAE의 원유 매장량은 978억 배럴이며 석유 및 가스 수출은 UAE 재정의 주요 수입원이다. UAE의 석유 및 가스는 90% 이상이 아부다비에 매장되어 있으며, 두바이 및 기타 토후국은 석유의 저장, 가공, 수출과 같은 서비스 부문에 집중하고 있다.

〈표 1〉 UAE 석유 및 가스 관련 지표

지표	규모
원유 매장량(백만 배럴)	97,800
천연가스 매장량(십억 큐빅미터)	6,091
원유 생산량(천 배럴/일)	2,794
천연가스 생산량(백만 큐빅미터/일)	54,245

출처: OPEC Annual Statistical Bulletin 2015

두바이의 경우 석유 및 가스 매장량이 상대적으로 적어서 석유 관련 산업 외에 제조업, 금융업, 서비스업, 물류업 등의 다양한 산업을 육성하고 있다. 석유화학, 알루미늄 및 철강과 같은 제조업을 육성하는 데 초점을 두고 있으며 자동차, 기계, 식품 가공 등과 같은 분야도 육성하고 있다.

〈표 2〉 비 석유 산업 현황

산업	세부 사항
항공	- 에티하드(Etihad) 항공과 에미레이트(Emirates) 항공 - Mubadala Aerospace: 2014년 첫 헬기 제작, 2018년에는 항공기 제작 목표
반도체	- Global Foundries: 반도체 칩 파운드리 제조 - 미국, 독일, 싱가포르 등지에 생산 시설이 있으나 아부다비에 신규 공장 건설 계획 추진 중
철강	- 종합철강 회사인 Emirates Steel은 연간 280만 톤의 철강 및 320만 톤의 철 생산 능력을 보유
알루미늄	- Emirates Global Aluminum은 연간 175만톤의 알루미늄 생산 능력을 보유(세계 5위)
조선	- Abu Dhabi Ship Building: 군함 제조
유리	- 4곳의 유리 제조 공장이 있으며 생산량의 약 30% 수출
제지	- 21곳의 제지 공장이 있으며 생산량의 약 50%를 수출
식품 가공	- 약 150개의 기업이 있으며, 국내 소비의 약 36%를 생산
시멘트	- 라스 알-카이마 Al-ittiad Cement Company에서 중점 생산

3) 카타르

카타르는 세계적인 석유 및 천연가스 매장량을 보유하고 있는 국가이다. 천연가스 매장량은 러시아, 이란에 이어 세계 3위에 해당하며 북부가스전은 26조㎥의 가스가 매장되어 있는 세계 최대 단일 가스전으로, 이는 전 세계 가스 매장량의 15%에 해당하는 규모다. 석유 매장량은 257억 배럴로 카타르 연안 구역에서 생산된다. 석유 및 가스 분야가 GDP에서 차지하는 비중은 약 50%로 석유 및 가스에 의존적인 경제구조를 갖고 있으며 석유 및 가스 수익으로 인프라 개발 프로젝트를 활발히 진행하고 있다.

카타르는 GDP에서 제조업이 차지하는 비중이 낮으며, 제조업도

에틸렌, 폴리에틸렌, 메탄올 생산과 같은 석유화학과 관련한 제조
산업이 발달하였다. 서비스산업은 카타르 정부가 의료 및 교육 부
문을 전략적으로 육성하겠다고 밝힌 이후 2020년까지 의료센터 31
개, 진단치료 전담 부서 8개를 신설할 계획이다. 카타르 의료 지출은
2015년 52억 달러로 2014년 보다 9.3% 성장하였으며 의료 서비스 수
요를 충족시키기 위하여 의료 인프라는 구축하는 데 노력하고 있다.

4) 쿠웨이트

다른 산유국들과 마찬가지로 쿠웨이트 역시 석유 및 석유화학 그
리고 가스 부문에 대한 의존도가 높다. 쿠웨이트 경제에서 석유 및
석유화학 관련 산업은 GDP의 약 57% 이상을 차지한다. 쿠웨이트의
원유 매장량은 전 세계 매장량의 6.9%이며 2020년까지 1일 원유 생
산 능력을 400만 배럴까지 확대하는 계획을 추진하고 있다. 쿠웨이
트에는 원유 외에도 약 35조 입방피트의 천연가스가 매장되어 있는
것으로 추산된다.

비석유 분야에서는 금융 서비스와 건설 산업의 성장세가 두드러
진다. 오일머니를 바탕으로 한 풍부한 자금으로 국내외 투자를 추진
중이다. 또한 GDP의 13%를 차지할 정도로 금융 및 투자 부문에서
의 생산성이 두드러지게 나타나고 있다. 그리고 인프라 구축과 관련
한 노하우와 기술력이 세계적으로도 경쟁력 있는 수준으로 평가된

다. 도로 및 주택과 같은 토목 분야에서의 기술력은 인정받고 있으나, 화학 플랜트, 담수 설비 등과 같이 고도의 기술력을 요하는 분야에서는 경쟁력이 떨어지는 것으로 나타난다.

5) 이집트

이집트에서는 제조업, 가스 및 석유 채굴 산업, 도소매업, 농수산업 등이 발달했다. 이집트의 경우 아랍국가 중에서도 제조업 기반을 갖춘 국가로 평가되며, 기초 생필품은 자국에서 생산한다.

이집트는 타 아랍국가에 비하여 제조업 분야가 상대적으로 발달했고, 특히 면, 자동차 등의 산업이 발달했다. 제조업 생산은 전체 GDP의 16%를 차지하며, 고용 인력의 17%가 제조업에 종사한다. 제조업 분야에는 식품 가공, 섬유의류, 자동차 조립, 철강, 제약 건축자재, 가구 공업 등이 있으며, 시멘트와 석유화학 산업은 국제적인 수준의 기술력과 생산 수준을 갖추었다. 하지만 전반적인 제조업의 수준은 아직까지 열악하여 노동생산성이 낮고 기업이 비효율적인 형태로 운영되고 있어 고부가가치 산업 단계로 나아가지 못하고 있다.

한편 관광산업의 경우 중동 지역 전체 관광객의 25%, 북아프리카 관광객의 41%가 이집트를 방문한 것으로 추산되며, 민주화 혁명 이전까지는 관광산업의 소득이 전체 GDP의 11.3%를 차지했다. 하지만 혁명 이후 관광객이 급감하면서 관광산업이 타격을 받았다.

8장

아랍의 유적

- 로마와 기독교와 이슬람이 만나다

아랍세계에 가면 무엇을 볼 수 있을까? 현재 아랍세계의 대부분이 이슬람세계에 포함되어 있으니 이슬람과 관련된 유적이나 문화밖에 없을 것이라고 생각할 수 있다. 아마도 많은 한국인들이 '아랍은 이슬람'이라는 생각을 할 것이다. 그런데 여행 사이트나 여행 후기를 찾아보면 기독교 성지순례를 아랍세계로 가는 사람들이 많고, 고대 파라오 유적을 찾아 이집트로 가는 사람들도 많고, 고대 메소포타미아 유적을 찾아 시리아와 이라크로 가는 사람들도 있고, 고대 나바뜨 유적을 보러 요르단으로 가는 사람도 많다. 또한 특별히 염두에 두는 것은 아니지만 아랍세계 곳곳을 다니다 보면 로마 유적들이 산재해 있다는 것을 알게 된다. 이처럼 아랍세계에는 이슬람 유적만 있는 것이 아니라 기독교 유적, 파라오 유적, 고대 메소포타미아 유적, 나바뜨 유적, 로마 유적들이 사방에 흩어져 있다.

아랍세계에서는 고대 문명(메소포타미아, 이집트, 나바뜨, 페니키아, 헬레니즘, 로마, 기독교), 중세 문명 및 근세·현대 문명(이슬람)이 중첩되어 있다는 것을 알 수 있다.

1. 메소포타미아 유적

 메소포타미아문명은 티그리스강과 유프라테스강을 중심으로 하는 바빌로니아문명과 아시리아문명을 가리킨다. 넓게는 서남아시아 전체의 고대 문명을 가리키기도 한다. 셈족에 속하는 아카드인, 아무르인, 아시리아인, 칼데아인 등과 인도유럽어족에 속하는 히타이트인, 카사이트인, 메디아인, 페르시아인, 수메르인, 엘람인 등이 활약하였으며, 공통의 문자로 설형문자(쐐기문자)가 사용되었다.
 지구라트는 메소포타미아지역에서 발견된 일종의 신전인데, 하늘에 있는 신과 지상의 인간들을 연결시키기 위해 신상을 모셔 놓은 성소인 '하얀집'이 정상부에 설치되어 있다. 수메르 초기왕조시대에

니푸르 지구라트(이라크)

공중정원(이라크 바빌론)

는 1층의 테라스 형태였으나, 우르 제3왕조시대에는 3층의 테라스를
겸한 탑이 되었고, 신바빌로아니아시대의 바빌론에 건설된 지구라
트는 8층이었다. 가장 보존 상태가 좋은 우르의 지구라트는 총 7층
건물이었으나 현재는 2개 층만이 남아 있다. 이 근처에는 성경에 나
오는 아브라함이 기거하던 집터 흔적이 있다.

함무라비법전은 1901년 말 프랑스 탐험대에 의해 페르시아의 고
도 수사에서 발견되었으며, 원형은 프랑스 루브르박물관에 소장되
어 있다. 높이 2.25미터의 돌기둥에 쐐기문자로 총 282조의 판례법
규정이 새겨져 있다. 기둥 상부에 왕이 신에게서 법전을 받는 그림
이 새겨져 있으며, 하단에는 관세, 무역, 통상 등 경제와 관련된 내용
은 물론 혼인, 이혼 등과 관련된 내용, 폭행, 절도 등 형법과 관련된

내용, 노예와 채권, 채무 등과 관련된 내용이 두루 포함되어 있다.

님루드 유적

메소포타미아평야를 지배하던 신바빌로니아는 수도인 바빌론에 바벨탑과 공중정원 등을 건설했다. 바벨탑 이야기는 구약성서 창세기 제11장에 기록되어 있는데, 이는 메소포타미아 각지에 있는 지구라트와 관계있는 것으로 보인다. 공중정원은 건조한 바빌론에 만든 인공 정원이다. 벽돌로 벽을 쌓고 안을 흙으로 메워 여러 층의 정원을 만들고, 층마다 온갖 나무와 꽃을 심어 짐승과 새들을 살게 하였다. 필요한 물은 노예들을 이용해 유프라테스강에서 운반했다.

현재 이라크의 님루드와 하트라에는 아시리아시대의 유적들이 있다. 님루드는 티그리스 강변의 니네베 남쪽에 위치해 있는데, 성서의 도시 칼라 또는 칼락으로 확인된다. 기원전 13세기 아시리아제국의 수도로 약 1,000년간 존속하였다. 하트라는 파르티아제국의 거대한 요새 도시로서 로마제국의 침공을 견뎌 냈다. 도시의 유적들 중에는 헬레니즘과 로마의 건축 양식이 있는데, 이들은 파르티아의 화려한 장식과 융합되어 있어 파르티아 문명의 훌륭함을 잘 보여준다.

2. 고대 이집트 유적

고대 이집트 문명은 나일강을 중심으로 기원전 3,000년경부터 알렉산더대왕의 후계자인 프톨레마이오스왕조까지 이어진다. 폐쇄적 지형으로 인해 오랫동안 통일을 유지하였고, 전제군주인 파라오가 통치하였으며, 내세적 다신교를 믿었고, 수많은 유적지와 유물을 남겼다.

기자지역에 있는 피라미드는 고대의 장엄했던 이집트문명을 대표한다. 대 피라미드는 쿠푸왕의 무덤이며, 중간 것은 카프레왕, 세 번째 것은 멘카우레왕의 피라미드이다. 쿠푸왕의 피라미드는 높이가 147미터, 밑변의 길이가 230미터, 점유 면적이 1만 6천 평이며, 평균 2.5톤짜리 석회암과 화강암 블록 230만 개가 사용되었다. 기자의 피라미드는 단일 건축물 중 부피가 가장 크며, 현재 지구상에 서 있는 단일 건축물 중(댐, 다리 제외) 가장 무겁고, 가장 오랫동안 무너지지 않고 서 있는 거대 건축물로서 역사상 가장 정밀한 계산과 공법하에 지어진 건축물로 알려져 있다.

스핑크스는 사람의 머리와 사자의 몸체를 가지고 있으며, 왕의 권

쿠푸왕 피라미드

력을 상징한다. 시리아, 페니키아, 바빌로니아, 페르시아, 그리스 등의 여러 지역에서 발견되고 있지만 카프레왕의 피라미드에 딸린 스핑크스가 가장 크고 오래된 것으로 알려져 있다. 스핑크스의 얼굴은 카프레왕의 생전 얼굴이라고 한다. "아침에는 네 다리로, 낮에는 두 다리로, 밤에는 세 다리로 걷는 짐승이 무엇이냐?"라는 수수께끼를 내어 풀지 못하는 사람을 잡아먹었는데 오이디푸스가 답을 맞히자 스핑크스가 물에 스스로 몸을 던져 빠져 죽었다는 전설은 유명하다.

룩소르는 고대 이집트 신왕국시대의 수도인 테베이며 카르낙 신

카프레왕의 스핑크스

전, 룩소르 신전, 왕들의 계곡, 왕비의 계곡, 하셉수트 장제전 등이 있는 고대 이집트 문명의 보고이다. 테베는 그리스 시인 호메로스가 〈일리아스〉에서 "탑문이 100개나 있는 도시"라고 말한 곳이며, "세계에서 가장 큰 야외 박물관"으로 불리기도 한다.

카르낙 신전은 햇볕에 말린 벽돌을 쌓아서 만든 벽으로 둘러싸여 있으며, 남북으로 540미터, 동으로 500미터, 서로 600미터의 사다리꼴 형태로 이루어진 세계 최대의 신전 건축물이다. 신전 구역 내에는 10개의 탑문과 오벨리스크, 스핑크스가 양쪽으로 나란히 서 있는 길, 거대한 기둥들이 늘어선 대공간 등이 있으며, 그 밖에도 역대 왕들이 건설한 소신전과 성스러운 연못, 중앙 정원, 야외 박물관이 붙

룩소르신전

어 있다. 룩소르 신전은 테베의 삼위신인 아문, 아문의 아내 무트, 그
들의 아들 콘수에게 헌정된 신전으로, 카르낙 신전으로부터 3킬로
미터에 달하는 '스핑크스의 길'로 연결되어 있다. 룩소르 신전의 입
구에는 람세스 2세가 세운 오벨리스크가 서 있다. 원래는 2개였는데
하나는 프랑스 왕 루이 필립에게 선물로 제공되어 파리의 콩코르드
광장에 서 있다. 이에 대한 보답으로 이집트는 시계를 받았는데, 이
것은 카이로에 있는 무함마드 알리 모스크 내에 있으며, 시계는 이
미 오래전에 멈추었다.

　룩소르 서쪽, 즉 나일강 서안의 바위산 깊은 계곡 안에는 역대 파
라오들의 공동묘지가 있는데 이곳이 바로 왕들의 계곡이다. 도굴을

하셉수트 장제전(위)과 아부심벨(아래)

피하기 위해 피라미드처럼 생긴 산 계곡 깊은 곳에 바위를 파서 무덤을 만든 것이다. 무덤은 계단과 경사로, 부속실, 전실, 현실 등이 모두 같은 방식으로 조성되었다. 하셉수트 장제전은 이집트 유일의 여왕인 하셉수트의 영혼을 기리는 제전으로 태양신 아문과 자신의 영혼을 위한 신전과 사당의 이중 기능이 있다. 이 건물은 3개의 열주식 테라스 구조로 되어 있다.

아부심벨 신전은 아스완에서 남쪽으로 약 280킬로미터 떨어져 있는 대 암굴 신전이다. 이곳에는 람세스 2세와 레하라크티, 아문, 프타의 3신을 안치한 대신전과 왕비 네페르티티를 위하여 하트호르 여신에게 바친 소신전이 있다. 아부심벨 신전은 하이댐의 건설로 인해 수몰될 위기에 처하게 되는데, 1968년에 신전을 해체하여 이곳으로 이전하여 복원하였다.

3. 나바뜨 유적

나바뜨왕국은 총독을 파견하여 다마스쿠스까지 지배하였고 아라비아반도의 히자즈지역까지 통치하였으나, 로마제국의 트라야누스 황제에 의해 멸망하여 로마제국의 속주가 되었다. 왕국의 수도이며 영화 인디아나 존스로 유명한 페트라는 사막 한가운데에 있는 붉은 바위 틈새에 건설되었는데, 좁은 골짜기를 따라 극장과 온수 목욕탕, 상수도 시설을 갖추고 있다. 이곳은 이집트의 피라미드와 함께 고대 세계 7대 불가사의의 하나가 되었으며, 1985년에는 유네스코 세계문화유산으로 지정되었다.

페트라

4. 헬레니즘 유적

헬레니즘은 알렉산더대왕 사후부터 로마제국의 건설 때까지 약 3세기 동안 그리스문명과 동방문명이 혼합, 융합된 문명이다. 상대주의적이며 개방적이고 보편적 성격을 띤다. 알렉산더대왕은 동방 원정을 통해 페르시아 아케메네스왕조를 멸망시키고 중앙아시아를 지나 인도 북서부에 이르는 대제국을 건설하였다. 그러나 그는 귀환 도중에 사망하였고(BC 323), 제국은 네 명의 장군들에 의해 분할 통치된다(프톨레마이오스-이집트와 팔레스타인, 셀레우코스-시리아와 바빌론, 카산드로스-마케도니아와 소아시아, 리시마코스-드레이스와 비두니아).

이집트 아스완에 있는 필레섬의 이시스 신전은 프톨레마이오스 시대에 건설된 신전이다. 이시스는 나일강을 주관하는 여신이자 풍

이집트 아스완의 이시스 신전(위)과 팔미라 유적(아래)

요의 신이며 오시리스의 여
동생이고 아내이다. 이시
스 신전은 하이댐의 건설로
수몰 위기에 처하게 되는데
유네스코의 지원으로 근처
에 있는 아길리카섬으로 이
전된다.

바알벡 유적

팔미라는 시리아 다마스
쿠스 북동쪽의 시리아사막
에 있는 오아시스 도시이
다. 팔미라는 AD 1-2세기에
다양한 문명의 교차로에 있
었으며, 이러한 팔미라의 예술과 건축은 전통 기술에 그리스와 로마
의 기술이 가미되고 페르시아의 영향이 혼합된 독창적인 특징이 있
다. 양쪽으로 웅장한 기둥들이 줄지어 있는 1,100미터 길이의 주도
로는 도시의 축을 형성하며, 보조 기둥들이 서 있는 교차도로와 함
께 바알 신전, 디오클레티아누스의 주둔지, 아고라, 극장, 기타 신전
들과 도시 구역 등의 주요 공공 건축물들이 연결되어 건립되었다.

바알벡은 레바논 베이루트의 북동쪽에 있으며 원래 페니키아의
태양신이며 농경신인 바알의 이름에서 유래되었다. 이곳은 프톨레

마이오스왕조의 지배를 받다가, BC 200년에는 셀레우쿠스왕조에 점령되었고, BC 64년에는 로마제국의 지배를 받았으며, AD 637년에는 아랍인의 지배하에 들어간다. 그리스인들은 이곳을 헬리오폴리스로 개명하였고, 로마인들은 주피터신의 예배 장소로 삼았다.

5. 페니키아 유적

페니키아는 오늘날의 시리아와 레바논의 해안 지대, 즉 지중해 동안을 가리키는 고대 지명이다. 하나의 정치 단위로 통일된 적은 없으나 시기마다 세력이 강력한 주요 도시를 중심으로 한 도시 연맹 형태를 취했으며, 주요 도시로는 베리투스(오늘날의 베이루트), 티레, 트리폴리, 시돈, 아크레, 비블로스 등이 있다. 페니키아 문화 중 가장 중요한 것은 페니키아문자로서, 이는 후에 그리스인들에 의해 채택되어 오늘날 로마자 알파벳의 원형이 되었다. 현재 튀니지에 있는 카르타고는 티레의 고대 페니키아인들이 건설한 도시국가인데, BC 600년경에는 서지중해의 무역권과 시칠리아를 장악하기도 하였다. 그러나 제3차 포에니전쟁에서 패해 로마의 속주가 되었다. 이후 439년에 반달족에게 점령당하고, 698년에 아랍인에게 장악된 뒤 파괴되어 일부 유적들만 남아 있다.

튀니지 카르타고 유적

6. 로마 유적

로마제국은 기원전 3세기 말경부터 셀레우쿠스왕조의 군대를 격파하고, 시리아를 정복하였으며 이집트를 병합함으로써 중근동지역에 확고한 통치 체제를 갖추었다. 이것은 아우구스투스황제 때 더욱 강화되었으며 여러 관점에서 헬레니즘을 계승하고 발전시키는 양상을 띠었다. 이때부터 중근동지역 대부분은 전 지중해지역을 통합한 로마제국의 일부가 되었다. 따라서 로마유적은 이집트와 요르단을 포함하여 지중해지역 아랍국가들에 광범위하게 분포되어 있다.

제라시유적은 요르단 암만에서 북쪽으로 48킬로미터 떨어져 있는데, '중동의 폼페이'로 불린다. 그리스와 로마 시대에 세워진 데카폴리스 가운데 하나로서 보석과 비단, 상아 등의 판매가 이루어지던 사막 대상의 경유지였다. 로마제국의 멸망과 지진으로 인해 폐허가 되었으나, 신전, 극장, 열탕, 열주 통로, 포럼 등이 남아 있다.

현재 알제리의 팀가드 유적은 로마 황제 트라야누스가 건설한 군사도시이다. 정사각형 형태의 도시 구조로 되어 있는 팀가드는 로마식 도시계획의 좋은 보기이다. 강력하고 번영하는 식민지로서 팀가드는 로마의 웅장한 이미지를 보여주며, 건물들은 전체가 석재로 건설되었고, 로마제국 시대에 종종 재건되었다. 6세기 말경 팀가드는 아우레스의 산악족에 의해 파괴되었다.

튀니지 북서지역, 비옥한 우에드 칼레드 계곡의 요지인 약 600미터의 언덕에 건설되었던 두가는 누미디아왕국의 첫 번째 수도였을 것이다. 로마의 지배하에서는 번창하였지만, 비잔틴과 이슬람 시대에는 쇠락하였다. 남아 있는 유적을 통해 로마 시대의 모습을 어느 정도는 짐작할 수 있다. 두가의 유적은 누미디아, 카르타고, 로마 등의 각기 다른 문화를 훌륭하게 통합한 본보기로서, 북아프리카에 있는 로마 도시 중 가장 잘 보존된 유적지이다.

튀니지 두가의 로마 유적

7. 기독교 유적

아랍지역에는 이슬람 태동 이전에 유대교와 기독교가 자리잡고 있었고, 로마제국이 아랍을 포함한 중동을 지배하였을 때 기독교가 널리 보급되었다. 중동에는 개신교가 로마가톨릭에서 분파되기 훨씬 이전에 분파된 시리아 정교, 이집트 콥트교, 에티오피아 기독교, 레바논(시리아 정교의 지파 및 개신교) 기독교, 아르메니아 교회 등이 있다. 아랍세계에는 이집트, 시리아, 요르단, 이라크, 레바논, 팔레스타인을 중심으로 많은 기독교 유적들이 분포해 있다.

예수피난 교회는 박해를 피해 도망을 왔던 예수, 성모마리아, 요

예수피난 교회(위)와 마으룰라 유적(아래)

셉의 은신처에 세워진 교회
로 이집트에서 가장 유명한
콥틱 교회이다. 성 세르지
우스 교회나 아부세르가 교
회로 불리기도 한다.

요르단 마다바의 모자이크 교회

마으룰라는 '높은 곳'이란
이름처럼 시리아의 수도인
다마스쿠스에서 북동쪽으
로 56킬로미터 떨어진 산악
지대에 자리잡고 있다. 순
교자 성 사르키스와 성 다클
라 수도원이 있으며, 그 밖에도 그리스도교와 이슬람교에 관련된 많
은 수도원, 수녀원, 교회, 예배당, 성지, 성소들이 있어 두 종교의 순
례자들이 많이 찾는다.

요르단에는 32곳에 달하는 로마가톨릭 교회들이 있는데, 마다바
에는 1,500년 된 현존하는 가장 오래된 모자이크 지도가 있는 성 조
지 교회가 있다. 이 지도는 예루살렘을 중심으로 중근동지역의 성지
와 주요 도시를 200여 만 개의 다양한 색상의 돌을 이용하여 16×6제
곱미터 크기로 제작되었는데 현재는 1/3정도만 남아 있다.

알렙포 성채

8. 이슬람 유적

아랍지역은 7세기 초 이슬람 태동 이후부터 현재까지 이슬람의
영향하에 놓여 있다. 따라서 아랍지역 전역에는 이슬람문화와 유적
들이 광범위하게 분포해 있는데, 가장 대표적인 이슬람 유적은 십자
군전쟁 당시의 성채와 이슬람 사원(모스크)이라고 할 수 있다.

십자군전쟁 당시에 많은 성채가 건축되었는데, 대표적으로는 이
집트 카이로의 살라딘 요새, 요르단의 케락성, 시리아 알렙포의 알
렙포성을 들 수 있다.

알렙포 한가운데에 서 있는 위엄 있는 요새는 12세기 말과 13세기

초에 건설된 것으로 알려져 있는데, 이 성채의 역사는 기원전 16세기까지 거슬러 올라간다. 12세기에 이 성채의 수비대는 알렙포 시민들과 주변의 경작 지대를 지켰는데, 성채는 하나의 독립된 작은 도시라고 할 수 있다. 궁전과 주택들, 군대 거주 구역과 훈련장, 지하 감옥, 무기고, 공중목욕탕, 물탱크, 식량저장구역, 모스크 등이 갖추어져 있다.

이슬람 유적의 가장 대표적인 것은 이슬람 사원(모스크)이다. 아랍 지역을 포함한 전 이슬람세계에 셀 수 없을 만큼 많이 건축되었는데, 가장 대표적인 모스크로는 3대 모스크(메카의 하람 성원, 메디나의 예언자 성원, 예루살렘의 악사 사원)를 필두로 카이로의 아즈하르 사원, 카이로의 무함마드 알리 사원 등이 있다.

모스크는 경배 장소를 뜻하는 '마스지드(아랍어로 무릎을 끓고 엎드리는 곳)'라는 말에서 유래하였으며, 스페인어 메스키타와 프랑스어 모스케를 거쳐 영어인 모스크가 되었다. 모스크는 메디나에 있던 사도 무함마드의 집을 원형으로 하기 때문에 매우 단순한 구조이며 건축 양식에 특별한 방식과 예식은 없다. 건물 내부에는 예배의 방향(끼블라)인 메카를 가리키는 '미흐랍'이 있으며, 설교단인 '민바르'가 있고, 더위를 피하기 위한 회랑이 있고, 안마당에는 세정을 위한 샘물이나 우물 및 수반이 있다. 회랑 한쪽에는 예배 시간에 무앗딘이 올라가 아단을 낭송하는 첨탑(미나렛)이 있다.

무함마드 알리 모스크(이집트 카이로)

메카의 하람 성원은 성지순례(핫즈) 기간 동안 전 세계에서 몰려
든 순례객들이 예배를 드리는 곳이다. 모스크의 중앙에는 카으바신
전이 있다. 카으바신전은 아브라함과 이스마일에 의해 건축되었다
는 전설이 있으며, 630년 예언자 무함마드가 메카를 점령한 뒤 모든
우상들을 봉인했다고 한다. 그 뒤 카으바신전 주변으로 모스크가 조
성되었으며, 압바스 시대, 오스만제국 시대, 사우디아라비아에 의해
지속적으로 증축 및 확장되었다. 하람 성원은 예배의 중심이기 때
문에 다른 모스크들에는 필수적인 부분인 미흐랍이 없다. 현 사우디

왕세자인 살만은 2017년 10월 말 네옴 프로젝트를 발표하면서 앞으로 이곳에 하디스 연구단지를 건설하겠다고 발표하였다.

미흐랍은 이슬람의 예배 방향(끼블라)인 메카의 카으바신전을 가리키는 것으로 모스크의 한쪽 벽면에 움푹 파인 벽감이다. 미흐랍은 709년경에 처음으로 등장하였는데, 본래는 돌멩이로 표시했다고 한다. 현재까지 남아 있는 가장 오래된 미흐랍은 예루살렘의 바위돔 내부의 바위 아래에 있는 방의 미흐랍이다. 그러나 가장 유명하면서도 가장 화려한 미흐랍은 스페인 코르도바에 있는 것이다. 미흐랍의 모양과 크기는 모스크마다 다르다.

미나렛은 등대를 뜻하는 아랍어 '미나라'에서 유래하였다. 미나렛은 하루 다섯 차례의 예배 시간이 되면 무앗딘이 올라가 아단을 낭송함으로써 주변에 있는 무슬림들에게 예배 시간을 알려 주는 기능을 한다. 예언자 무함마드가 해방시킨 흑인 노예인 빌랄이 높은 곳에 올라가 예배 시간을 알리는 아단을 한 것에서 기원했다. 모스크의 후원자나 건축가의 취향과 계획에 따라 일반적으로 1-6개의 미나렛이 건설되나, 현재 메카 하람 성원의 미나렛은 9개이다. 형태는 지역에 따라 매우 다양한데, 북아프리카의 경우 사각기둥 형태가 많으며, 지중해지역은 가늘고 긴 원통형태나 뿔 형태가 많고, 이라크 사마라 모스크나 카이로의 이븐뚤룬 모스크의 미나렛처럼 나선형 모양(말위야)도 있고, 아시아지역에서는 정자의 형태를 한 것도 있다.

9장

샤리아

- 무슬림이 가야 할 길을 정하다

샤리아는 '마실 수 있는 물의 원천(으로 가는 길)'이라는 뜻의 말이다. 대부분의 땅이 사막인 곳에서 양떼를 몰던 베두인의 삶을 살았던 아랍인들에게 물은 생명과 같은 존재였을 것이다. 이들에게 물은 생명이고 삶을 지탱하는 가장 큰 의미이며 목표였음에 틀림없다. 이런 아랍인들이 자신들의 예언자 무함마드를 통해 알라의 계시를 받고 이를 코란에 기록했다.

예언자 무함마드가 살던 아라비아반도는 아랍 역사에서 '무지와 야만의 시대'라고 일컫는 '자힐리야'의 상황이었다. 척박한 사막에서 자신과 부족이 보존하기 위해 하루도 거르지 않고 계속했던 약탈과 복수의 전쟁…. 아랍 역사가들은 이를 '아랍인들의 나날들'이라고 기록했다. 살인, 술, 도박이 사방천지에서 목격되던 시대였다. 부족이 필요로 하는 수 이상의 여자아이가 가문과 부족의 수치가 될 것이 두려워 갓 태어난 여아를 생매장을 하던 시대였다. 부족 간의 전투에서 진 부족의 남자들은 모두 살해되었으며 여자들은 성인이든 아이든 모두 노예가 되었다.

이런 야만의 시대에 아랍인들을 '올바른 길'로 인도하는 코란과 예언자 무함마드의 순나(말, 행동, 침묵과 같은 결정사항)는 온몸을 달구는 강렬한 태양 아래서 양떼를 몰던 베두인들을 '마실 수 있는 물의 원천'으로 안내하는 것과 같았다. 이렇게 아랍인들은 코란과 예언자의 순나를 자신들의 '샤리아'로 받아들였다.

샤리아의 가장 중요한 법원은 알라의 계시 말씀인 코란이고, 그다음이 예언자 무함마드의 순나(하디스)이다. 어떤 사안이 발생하고 이에 대한 법적 판단을 해야 할 경우 우선 제1법원인 코란에서 찾아보고 판단의 근거가 있으면 그대로 적용한다. 만일 코란에서 사안을 판단할 근거를 발견하지 못하면 제2법원인 예언자의 순나(하디스)에서 찾아보고 있으면 그대로 적용한다. 만일 코란과 순나에서도 판단과 적용의 근거를 발견하지 못할 경우 코란과 순나에 정통했던 예언자의 교우들과 법학자들이 코란과 순나를 근거로 하여 이즈마으나 끼야스 등과 같은 부차적인 법원들을 통해 최선의 법적 견해(파트와)를 생산하려는 노력(이즈티하드)을 하게 되고, 이를 통해 사안을 판단하고 결정한다. 이와 같은 과정을 통해 특정한 사안에 대한 샤리아의 구체적인 규범들이 만들어진다.

특히 특정한 사안에 대한 샤리아 규범은 7세기에 계시된 코란과 예언자의 순나를 바탕으로 9-10세기에 활동했던 순니 4대 법학파(하나피, 말리키, 샤피이, 한발리)를 거치면서 완성되었다고 볼 수 있다. 즉 샤리아의 입법 단계는 약 200년 이상의 기간 동안 다수의 저명한 법학자들에 의해 입안되고 통치자들에 의해 적용되는 과정을 거쳐 완성되었다고 할 수 있다.

이슬람은 생활의 종교이고, 샤리아는 삶의 지침이다. 이런 점에서 이슬람의 핵심은 샤리아에 있다고도 볼 수 있다. 샤리아는 무슬림들의 삶 곳곳에 뿌리내리고 있다. 신앙고백(샤하다), 예배(쌀라), 자카트(종교구빈세), 단식(싸움), 순례(핫즈)와 같은 신앙의 중심에서부터 먹고 자고 일하는 삶의 모든 곳에 샤리아가 자리잡고 있는 것이다. 무슬림들의 모든 삶의 행위에는 원칙이 있으며 그 결과에는 대가가 있다. 이슬람이 바라는 행위를 한 경우에는 현세와 내세의 보상이 있는 반면, 이슬람의 원칙에 반하는 행위를 한 경우에는 현세와 내세의 처벌이 있다. 이럴 때 무슬림들의 행위의 옳고 그름을 가늠하는 것이 샤리아이다. 행위가 발생하면 코란에서 찾아보고 기록된 말씀대로 보상이나 처벌을 하게 되며, 코란에서 보상이나 처벌의 근거를 발견하지 못하면 예언자의 순나(하디스)를 찾아보고 언급된 말씀대로 처리한다. 만일 코란과 순나(하디스)에서도 사안에 대한 판단의 근거를 발견하지 못하게 되면 예언자의 교우들과 이슬람 법학자들의 이즈마으나 끼야스 등의 이차적인 법원들에 따라 판단을 하게 된다. 무슬림들의 모든 행위가 이와 같은 절차에 따라 판단되고 처리된다. 결국 무슬림들은 알라의 말씀인 코란과 예언자 무함마드의 순나(하디스), 코란과 순나에 정통한 교우들과 법학자들의 이즈마으나 끼야스와 같은 법원들이 닦아 놓은 '마실 수 있는 물의 원천(으로 가는 길)'

이며 '올바른 길'인 샤리아를 따라 하루하루의 삶을 살아가는 것이다. 이처럼 무슬림들의 모든 삶에는 샤리아가 있다.

1. 법원(法源)

법원은 법을 구성하는 근원으로서 샤리아의 행동 규범을 만들 때 사용되는 가장 기본적인 것으로 일반적으로 코란, 순나, 이즈마으, 끼야스를 말한다. 일부에서는 이즈마으를 세 번째 법원으로, 끼야스를 네 번째 법원으로 언급하지만, 법학파에 따라 법원으로 채택하는 우선순위가 조금씩 다르기 때문에 단정하는 것은 바람직하지 않다. 그 외에도 관습, 교우들의 견해, 이스티흐산(명백한 판단보다 숨어 있는 판단을 채택하는 것), 이스티쓸라흐(복리를 선택하는 것), 이슬람 이전의 관습 등이 있다.

1) 코란

무슬림들에게 코란은 알라로부터 나온 증거이고, 인간을 진리로 인도하는 헌법이다. 코란의 가르침은 절대적인 것으로서 모든 무슬림은 이를 낭송하고 받들어야 한다. 특히 코란은 인간 생활에 필요한 여러 측면의 샤리아 규범들을 제시하는데, 코란에 나타난 샤리아 규범은 크게 세 종류이다. 첫째, 신조 규범으로, 알라에 대한 믿음,

천사, 성서, 예언자들, 최후의 심판일 등에 대한 믿음에 관한 것이다. 둘째, 예절 규범으로, 의무 이행자가 덕을 쌓고 악을 멀리하는 것에 관한 것이다. 셋째, 행동 규범으로, 의무 이행자가 행하는 언행, 계약 등에 관한 것이다. 이 중 행동 규범은 예배, 단식, 자카트, 순례, 신앙 고백과 같이 알라와 인간과의 관계를 다루는 규범(이바다트)과 계약, 행동, 범죄, 형벌과 같이 인간 상호 간의 관계를 다루는 규범(무아말라트)으로 이분된다. 이와 같은 법 규범에 관한 쿠란 구절들을 '규범절'이라고 부른다. 일반적으로 코란에 제시된 규범절의 숫자는 800개, 500개, 200개, 150개 등 학자들 간에 이견이 있다.

2) 순나(하디스)

순나는 '전통; 관행'이란 의미의 말이지만 많은 하디스 학자들은 '예언자 무함마드의 말과 행동 그리고 결정(결심)'으로 정의한다. 여기서 '결정(결심)'이란 말이나 행동으로 표현하거나 불승인의 암시 없이 침묵을 지키는 것을 가리킨다. 코란이 없다면 이슬람이 완전해질 수 없듯이, 순나가 없다면 이슬람은 역시 완전해지지 못한다. 즉, 코란과 순나는 상호 보완적인 존재이다. 실제로 순나가 없다면 코란과 이슬람을 완전하게 이해하기 어려워지며 실생활에 적용하기도 어렵다. 코란이 알라의 말씀이라면 순나는 그것의 실제적인 해석인 셈이다. 이슬람의 기초를 원론적으로 다루는 것이 코란이라면, 코란의 세부 내용들과 명령의 필수적인 부분들을 설명해 주는 것이 순나이다. 이렇게 해서 예언자 무함마드의 순나는 코란 다음으로 중요한 샤리아의 제2법원으로 인정되어 왔다. 무슬림들은 코란에 명시된 사항을 그대로 실천하며, 코란에 없을 경우에는 순나에서 관련 사항을 발견하려 노력하였고, 이를 발견하면 그대로 실천하였다. 이와 같이 코란 다음가는 순나의 권위는 예언자 무함마드 시대 이래로 지금까지도 지속되고 있다.

순나와 동의어로 사용되는 하디스는 예언자 무함마드의 순나를 기록한 것, 즉 예언자 무함마드의 언행록이다. 하디스는 전승(이스나드)과 본문(마튼)으로 구성되어 있다. 전승은 예언자의 순나를 전달한 사람들의 명단이고, 본문은 예언자의 순나 내용이다. 예언자의 순나만을 하디스로 인정하는 순니와 달리, 시아는 예언자뿐 아니라 예언자의 후손으로 인정되는 이맘의 순나까지를 인정한다. 순니 이슬람세계에서는 예언자의 순나를 수집하고 검증하여 9세기에 본격적으로 책으로 편찬하였는데 6개의 하디스 모음집(6서)이 대표적이며, 시아 이슬람세계에서는 10세기에 4개의 하디스 모음집(4서)이 편찬되었다.

3) 이즈마으

이즈마으는 샤리아의 주요(1차) 법원인 코란과 순나(하디스) 다음의 법원이다. 법학자들이 어떤 사안에 대해 법적 해석이나 판단을 할 때, 우선 코란에서 근거를 찾아보고, 만일 코란에 없으면 예언자의 순나(하디스)에서 근거를 찾게 된다. 그런데 코란과 순나에서 근거를 발견하지 못할 경우 이즈마으에서 근거를 찾게 된다. 이즈마으는 코란과 순나(하디스)처럼 알라로부터 계시된 것은 아니지만 샤리아 법원으로서의 법적 권위와 구속력이 있다. 이즈마으가 샤리아의 법원이 된 것은 코란과 순니(히디스)를 바탕으로 독자적인 법해서 노력(이즈티하드)을 하였던 무즈타히드들의 권위가 이슬람 공동체(움마)에서 인정을 받았기 때문이다.

연구(「이즈마으의 특성과 현대적 적용 가능성」)에 의하면 이즈마으는 '사안이 발생할 당시 이슬람 사회(움마) 다수의 합의'로 정의할 수 있다. 한편 이즈마으는 하나피, 샤피이, 한발리 법학파가 세 번째 법원으로 인정하지만, 같은 순니임에도 불구하고 말리키 법학파는 이즈마으를 네 번째 법원으로 인정한다. 또한 시아의 경우에는 이즈마으가 이맘의 견해와 일치할 경우에만 인정하며, 순니의 다히리 법학파의 경우에는 이즈마를 인정하지 않는다. 따라서 '이즈마으는 샤리아의 세 번째 법원이다'라는 단정적인 주장을 되풀이 하는 국내 학계의 현실은 재고할 필요가 있다.

근대에 들어 '이즈티하드의 문 폐쇄'와 이슬람세계의 후진성 주장으로 인해 이즈마으의 현대적 적용의 문제가 부각되었다. 이즈마으를 법원으로 채택했던 순니 4대 법학파들의 시대(9-10세기)로부터 1,000년 이상의 세월이 지난 현대에 이르러, 기존의 샤리아 규범으로는 판단할 수 없는 새로운 사안들이 무수히 쏟아져 나오고 있다. 따라서 이슬람 개혁주의자들이 제기하는 이즈마으의 현대적 부활과 적용의 문제는 이슬람세계와 샤리아의 당면 과제라 할 수 있다.

4) 끼야스

끼야스는 원전(코란, 하디스)에 판단의 근거가 없는 사안(파르으)을 동일한 이유(일라)를 가진 원전의 유사한 사안(아쓸)을 근거로 판단(후큼)을 하는 것이다. 이상에서 언급된 '아쓸, 파르으, 일라, 후큼'은 끼야스의 4대 요소이다.

끼야스의 몇 가지 예를 4대 요소를 중심으로 표로 작성해 보면 다음과 같다.

파르으	아쓸	일라	후큼
마약	술	취함, 인간의 이성에 피해	금지
동성애	간음	혈통과 존엄성 파괴	금지
미인대회	얼굴과 손발 외 노출 금지	노출	금지
생명보험	도박	도박과 리바의 요소 포함	금지

끼야스는 인간 행위에 대해 판단할 때 사용되는 법적 증거, 즉 샤리아의 법원들 중 하나이다. 국내에서는 끼야스가 샤리아의 네 번째

법원이라는 주장이 제기되는데, 이는 재고되어야 한다. 하나피, 말리키, 샤피이, 한발리 법학파(이상 순니), 자이디 법학파(시아)가 끼야스를 법원으로 인정하고 있지만, 법학파마다 채택 순서가 다르기 때문에 네 번째 법원이라는 주장은 문제가 있다. 순니의 다히리 법학파와 시아의 자으파리 법학파, 그리고 이바디 법학파는 끼야스를 법원으로 인정하지 않는다.

2. 법학파

예언자 무함마드 사후 상당수의 교우들(싸하바)이 자신들의 독자적인 법학파를 창설함으로써 9세기 초에는 500여 개의 법학파들이 존재하였다. 그러나 9-10세기경에는 대부분의 법학파들이 통합되거나 소멸되었다. 여기서는 2005년 50여 개 이슬람 국가에서 온 200여 명의 이슬람 학자들이 채택한 '암만 메시지'에서 공표된 8개의 법학파들을 소개한다.

1) 순니 법학파

처음 순니 이슬람세계에 하나피 법학파, 말리키 법학파, 샤피이 법학파, 다히리 법학파의 4개 법학파가 있었으며, 이후 한발리 법학파와 자리리 법학파가 합류했다. 10세기경 자리리 법학파가 소멸되었고 맘룩조 때 다히리 법학파도 소멸되면서, 나머지 4개가 순니 이슬람세계의 주요 법학파로 확립되었다.

(1) 하나피 법학파

하나피 법학파는 아부 하니파 알누으만 빈 사비트의 이름으로부터 유래되었으며, 아부 하니파는 끼야스를 샤리아의 법원으로 최초로 채택하면서 '끼야스의 이맘'이라는 칭호를 얻었다. 제4대 정통 칼리파 알리가 이라크 쿠파로 수도를 옮기고 다수의 초기 세대들이 그곳에 정착하게 되면서 하나피 법학파는 이들 초기 무슬림들의 전통을 규범의 토대로 삼았다. 이로 인해 하나피 법학파는 쿠파 학파 또는 이라크 학파로 불리기도 한다.

주요 법원은 코란과 하디스 6서이며, 이 두 법원에서 근거를 발견하지 못할 경우에는 교우들의 이즈마으를 다음 법원으로 사용하고, 그다음에는 교우들 개인의 법적 견해(이즈티하드), 끼야스, 이스티흐산, 무슬림들의 관습을 법원으로 채택하였다.

하나피 법학파는 코란과 하디스에 집중하면서 법학자들의 재량을 좋아하지 않았던 메디나 전통주의자들보다 유연하였기에 통치자들에게 환영을 받았다. 그 결과 10세기경부터 압바스조의 공식 법학파가 되었으며, 11-12세기의 셀죽조, 그 이후의 오스만조에 의해 공인 법학파로 인정을 받았다. 이러한 이유로 하나피 법학은 오스만조의 영토로 확산되었고, 현재의 터키, 발칸 국가들, 시리아, 레바논, 요르단, 팔레스타인, 이집트, 이라크 일부, 코카서스, 중앙아시아, 파키스탄, 방글라데시, 인도, 러시아 등 전 세계 무슬림의 1/3 가량이 하나피 법학을 추종한다.

(2) 말리키 법학파

말리키 법학파는 말리크 빈 아나스의 이름으로부터 유래되었으며, 그의 견해는 『무왓따으(사람의 통행이 잦은 길)』에 기록되어 있다. 주요 법원은 코란과 하디스이며, 그다음으로 메디나 주민들의 관행(아말), 교우들의 이즈마으, 교우들 개인의 법적 견해, 끼야스, 이스티쓸라흐, 무슬림들의 관습(우릅) 순으로 법원을 채택한다. 말리키 법학파는 전통을 중시하였는데 하디스에 기록된 것뿐만 아니라 4명의 정통 칼리파들, 특히 우마르의 규범들을 전통에 포함시켰다. 이맘 말리크는 메디나 주민들의 관행을 약한 하디스보다 더 생생한 순나라고 보았다.

말리키 법학파는 메디나에서 기원하였으나 아프리카에서 상당한 인정을 받았다. 한때 안달루스 우마이야조와 무라비뚠조에서 공인을 받기도 하였지만, 다히리 법학파를 신봉한 무와히둔조에게 밀려나면서 안달루스에서 힘을 잃었다. 9세기 이래로 말리키 법학파의 중심지는 튀니지 까이라완에 있는 까이라완 모스크(우끄바 빈 나피으

우꾸바 빈 나피이 모스크(튀니지 까이라완 모스크)

모스크)였다. 현재 말리키 법학파는 이집트 북동지역, 서아프리카, 차드, 수단과 같은 아프리카 지역에서 지배력을 확보하고 있으며, 전통적으로 바레인, 쿠웨이트, 두바이, 사우디아라비아 북동부에서 선호되는 법학파이다.

(3) 샤피이 법학파

샤피이 법학파는 무함마드 빈 이드리스 알샤피이의 이름으로로부터 유래되었으며, 그의 견해는 『리쌀라(서신)』에 수록되어 있다. 주요 법원은 코란과 하디스이며, 그다음으로 교우들의 이즈마으, 교우들 개인의 법적 견해, 끼야스 순으로 법원을 채택한다. 샤피이 법학파는 하나피 법학파가 채택한 이스티흐산과 말리키 법학파의 이스티쏠라흐를 부패하기 쉽고 정치적으로 이용될 가능성이 있는 주관적인 의견이라는 이유를 들어 법원으로 수용하지 않는다.

샤피이 법학파는 제자들에 의해 메카, 카이로, 바그다드에서 널리 퍼졌으며, 이슬람 초기에는 가장 폭넓게 인정되었다. 특히 셀죽조, 장기조, 아이유브조, 맘룩조에 의해 공식 법학파로 인정되었다. 현재 지부티, 소말리아, 에티오피아, 이집트 동부지역, 예멘, 레바논, 요르단과 사우디아라비아 일부지역, 인도네시아, 말레이시아, 스리랑카, 태국, 싱가포르 등지에서 인정되고 있다.

(4) 한발리 법학파

한발리 법학파는 아흐마드 빈 한발의 이름으로부터 유래되었으며, 그의 견해는 『무스나드(전승집)』에 수록되어 있다. 그는 가장 저명한 신학자 중의 한 명으로서 이슬람의 세이크라고 불렸다. 주요 법원은 코란과 하디스이며, 그다음으로 교우들의 합의, 교우들 개인의 법적 견해, 약한 하디스, 끼야스 순으로 법원을 채택했다. 이븐 한발은 코란과 하디스의 문자적 해석을 주장했으며, 그와 동시대 법학자들의 합의(이즈마으)를 거부했다.

한발리 법학파는 초창기에는 순니 4대 법학파에 포함되지 못할 정도로 작은 법학파였다. 일부 학자들은 이븐 한발을 법학자가 아니라 예언자 전승학자라는 이유로 무시하기도 하였다. 정치적으로도 한발리 법학파는 압바스조 통치자들과 관계가 좋지 못했다. 특히 죄를 범한다고 의심이 되는 순니와 시아 무슬림들에게 폭력을 가하는 등 난폭한 행동을 함으로써 칼리파의 비난을 받고 국가의 공식적인 후원이 중단되기도 하였다. 그러나 한발리 법학파는 맘룩조와 오스만조에 의해 순니 4대 법학파의 하나로 공인되었고, 이후 사우드 가문이 메카를 합병한 1926년부터 사우디아라비아의 후원을 받았으며 현재는 사우디아라비아와 카타르의 공인 법학파로 자리잡고 있다.

(5) 다히리 법학파

다히리 법학파는 다우드 빈 알리 알다히리의 이름으로부터 유래되었으며, 다우디 법학파 또는 제1세대 법학파로 불리기도 한다. 주요 법원은 코란과 하디스이며 원전의 문자적 해석에 집중한다. 그들은 끼야스, 이스티흐산, 임의적인 관행을 법원으로 인정하지 않는다.

초창기에 다히리 법학파는 현재의 이라크 지역에서 주도권을 장악했으며, 압바스조 당시에는 하나피, 말리키, 샤피이와 더불어 순니 4대 법학파로 인정받았다. 그러나 정부와의 관계 악화, 엘리트 의식, 텍스트 부재와 같은 원인들이 지배력을 약화시켰으며, 결국 페르시아지역을 하나피 법학파에게 넘겨주고 말았다. 이후 다히리 사상은 북아프리카와, 스페인 안달루스로 전파되어 무와히둔조 때는 국가의 공인 법학파가 되기도 하였다. 현대에 들어 다히리 법학파는 이슬람세계의 어떤 지역에서도 다수를 차지하지 못하고 있지만 여전히 다히리 공동체와 법학자들이 존재하기 때문에 '절반만 활동하는' 것으로 묘사된다.

2) 시아 법학파

(1) 자으파리 법학파

자으파리 법학파는 시아 6대 이맘인 자으파르 알싸디끄의 이름에서 유래되었으며 12이맘파, 알라위파, 이스마일파가 신봉하는 시아 최대의 법학파이다. 주요 법원은 코란과 하디스이며, 다음으로 공익이나 이성에 기초한 법학자들의 개인적 의견(라으이)을 법원으로 채택한다. 자으파리 법학파에는 우쑬리와 아크바리의 두 개 분파가 있다. 우쑬리는 법학자들의 독자적인 법 견해인 이즈티하드를 적극적으로 이용하며, 숨은 이맘의 중재자로서 그리고 공동체의 안내자로서 성스런 원천들(코란, 하디스)을 독자적으로 해석할 수 있는 무즈타히드의 역할을 강조한다. 아크바리는 이즈티하드의 제한적 접근을 채택하는데, 현재는 거의 소멸한 상태이다. 자으파리 법학파는 현재 이란의 공인 법학파이며, 시아 무슬림 대다수의 지지를 받고 있다.

(2) 자이디 법학파

자이디 법학파는 자이드 빈 알리의 이름으로부터 유래되었다. 주요 법원은 코란과 하디스이며, 그다음으로 이스티흐산, 끼야스, 이즈마으, 이성을 법원으로 채택한다. 자이디 법학파는 현재 예멘 무슬림의 약 40%가 추종하는 법학파이다.

3) 이바디 법학파

이바디 법학파는 압둘라 빈 이바드 알타미미의 이름으로부터 유래되었다. 주요 법원은 코란, 하디스, 이즈마으이며 약한 하디스도 인정한다. 그러나 끼야스에 의해 수용된 견해들은 비드아(혁신, 이단)로 보아 거부하였다. 현재 이바디 법학파는 오만과 잔지바르에서 지배력을 유지하고 있으며, 알제리, 튀니지, 리비아, 아프리카 동부지역에서도 발견된다. 한 역사학자는 이바디의 역사를 "메디나에서 알을 낳고, 바스라에서 부화하여, 오만으로 날아간 새"라고 표현했다.

3. 돼지고기 금지에 대한 샤리아 제정 과정

현대에 들어 이슬람은 돼지의 해로움에 대한 많은 의학적 증거들을 제시하지만, 코란은 이미 7세기에 돼지를 하람(금지, 금기)으로 지정하였다. 코란에는 모두 3개의 구절(제6장 145절, 제16장 115절, 제5장 3

절)에서 돼지의 금지를 명하고 있는데, 첫 번째 계시된 구절은 다음과 같다.

"말하라, 내게 계시된 것에서 죽은 고기, 흘린 피, 실로 불결한 돼지, 알라 외의 다른 것에 바쳐진 불경한 것을 제외하고는 먹어도 금지되는 것은 없다. 그러나 어쩔 수 없이 먹은 반항적이거나 공격적이지 않은 자에게 그대의 주는 관용과 자비의 분이시다."(제6장 145절)

코란 구절에는 '불결하다'는 이유를 들어 돼지를 금지하면서도 처벌에 대한 언급이 없다는 점과 다양한 해석이 가능한 예외의 사항(어쩔 수 없는 경우, 필요에 의한 경우, 알지 못하고 섭취한 경우)이 포함된 금지의 모호성과 불명확성으로 인해 후대의 통치자들과 법학자들은 순나(하디스)에서 돼지 금지의 좀더 명확한 근거를 찾으려고 노력했다. 하디스에는 돼지 금지와 관련된 직·간접적인 구절 10여 개가 발견된다.

"알라께서 술과 그 대가를 금지하셨고, 죽은 고기와 그 대가를 금지하셨고, 돼지와 그 대가를 금지하셨다."(아부 다우드본 3485)

"나르다시르(주사위놀이)를 하는 사람은 돼지와 그 피에 손을 물들인

것과 같다."(무슬림본 2260, 아부 다우드본 4939, 이븐 마자본 3763)

돼지 금지와 관련된 하디스 구절은 모두 "돼지는 불결하니 금지이다."라는 코란의 금지 규범을 확인하면서 동시에 이를 해설·제약·한정한다. 하디스에서도 코란과 마찬가지로 돼지의 식용이나 사용 또는 이용의 금지를 위반할 시의 처벌에 대한 언급은 발견되지 않는다.

이후 9-10세기에 활동했던 법학파들은 코란과 순나에서 언급되었던 돼지 금지의 내용을 '돼지의 불결성, 돼지 가죽의 무두질, 돼지의 분비물, 돼지의 털, 돼지의 부위를 약으로 사용하는 것, 돼지의 본질 변화, 돼지의 대가, 딤미의 돼지 판매, 돼지의 절도나 상해, 어쩔 수 없는 경우'로 세분화하여 제시함으로써 포괄적인 금지로 인해 발생하는 모호함과 불명확함을 해결하려 노력하였다. '돼지의 불결성, 돼지의 부위들을 약으로 사용하는 것, 어쩔 수 없는 경우'는 코란의 내용을 확인하고 해설·제약·설명하는 경우이며, '가죽을 무두질하는 경우, 돼지의 대가'는 순나(하디스)의 내용을 확인하고 해설·제약·설명하는 경우이고, 그 외의 부분들은 코란과 순나(하디스)에는 언급되지 않았던 것으로 법학자들이 코란과 순나를 근거로 이즈마으나 끼야스 등을 통해 만들어 낸 독자적인 법해석으로 볼 수 있다. 법학파들의 법적 견해에서도 코란과 순나(하디스)에서와 마찬가지로 돼지 금지를 위반할 시의 처벌에 대한 규정은 발견되지 않는다.

여기서는 법학파들의 독자적인 견해들 중 '돼지의 절도나 상해'에 관한 부분을 소개한다.

"법학파들은 공통적으로 소유 · 구매 · 판매가 허용되지 않는 무슬림 소유의 돼지 절도나 상해에 대해서는 어떠한 금지나 배상도 없다고 본다. 그러나 히나피와 말리키 법학파는 딤미의 돼지를 상해하거나 절도하는 사람은 그것을 배상해야 한다고 본다. 이는 "그들과 그들이 소유하는 것을 내버려 두어라."라는 순나에 근거하고 있으며, 그들이 돼지의 소유권을 가지고 있기 때문이다. 샤피이와 한발리 법학파는 무슬림들이 딤미의 돼지를 강제로 빼앗았다면 배상을 해야 하지만, 그것을 파괴했다면 배상하지 않는다고 보았다. 그것은 공개적으로 드러나든 아니든 다른 불결한 것들처럼 가치가 없고 합법적인 배상권이 없기 때문이다. 그러나 그들이 공개적으로 드러나지 않았는데도 돼지를 파괴하였다면 죄가 된다고 보았다."

이상에서 보듯 샤리아의 법 제정 과정이라 할 수 있는 코란, 순나 (하디스), 법학파들을 통해 '돼지는 불결하다'는 것을 돼지 금지의 일관된 이유로 주장하고 있다. 또한 어디에서도 돼지 금지를 위반할 시의 처벌에 대한 언급이 발견되지 않는다. 그럼에도 불구하고 이슬람세계에서는 핫드(후두드)형을 집행하는 술 금지보다 아무런 처벌이 없는 돼지 금지가 무슬림들이나 비무슬림들 모두에게 관심의 대상이 된다.

이는 돼지 금지를 준수하는 것이 알라의 명령에 무조건 복종해야 한다는 이슬람에 대한 종교적 신념과 정체성의 유지나 실천으로 나타나기 때문이라고 이해할 수 있다. 21세기 현재적 관점에서 보면 돼지 금지의 복합적 요인들(위생 이론, 토템 이론, 신의 음식 이론, 분류학 이론, 환경 이론)이 무색해졌음에도 불구하고 돼지에 대한 금기를 지키려는 것은 타종교와의 차별성과 이슬람이라는 집단적인 자기동일성을 강화하려는 의미로도 해석할 수 있다.

4. 샤리아 관련 용어

아랍어 용어	우리말 용어 및 의미	아랍어 용어	우리말 용어 및 의미
코란	이슬람의 성서	샤리아	이슬람 법(무슬림들의 법, 도덕, 관행)
순나	예언자의 언행(과 결정사항)	하디스	예언자의 언행록
이즈마으	법학자들의 합의	까야스	법학자들의 이성적 유추
딤미	협약민(기독교인, 유대교인, 조로아스트교인 등)	핫드(후두드)	코란과 하디스에 언급된 형벌(간음, 중상모략, 절도, 강도, 음주, 배교, 흉폭한 불법행위)
비드아	혁신, 변혁, 이단	타으지르	판사의 재량형
타비운	교우들의 추종자들	끼싸쓰	동형동태형(살인, 상해)
이맘	종교지도자(예배인도자)	싸하바	예언자의 교우
이즈티하드	개인적인 법 해석 노력	울라마	이슬람학자들
파트와	법적 견해	움마	이슬람공동체
까디	법관, 판사	무즈타히드	법 해석자들

마크루흐	혐오스런 행위	쿠프르(카피르)	불신(불신자)
만둡	권장 행위	파끼흐	이슬람법학자
무바흐	허용 행위	이바다트	인간과 알라와의 관계 (예배, 단식, 순례, 자카트 등)
와집	의무 행위	무아말라트	인간 간의 관계 (결혼, 이혼, 매매, 유산, 상속 등)
하람	금지 행위	디야	보상(금)

10장
아랍의 음식
- 이것은 하람이고 저것은 할랄이다

식사를 하기 전에는 반드시 손을 씻어야 하며, '비스밀라(알라의 이름으로)'라고 말한다. 또한 식사가 끝나면 '알함두릴라(알라에게 감사를)'라고 말한다. 식사할 때는 가족이 소매를 걷어붙이고 밥그릇 주위로 둘러앉는다. 보통 식사는 하나의 큰 밥그릇에 담아 내어온다. 오른손을 사용하며, 왼손은 가능한 한 사용하지 않는다. 요즈음은 숟가락이나 포크를 많이 사용한다. 어른이 먼저 숟가락을 든 다음에 다른 식구들이 식사를 시작하는 식의 예절은 없다. 우리의 경우에는 식사 중에 말을 하면 복이 나간다고 하여 대개 이야기하는 것을 꺼리지만, 아랍인들은 식사 중에 가족들끼리 여러 가지 화제를 이야기하며 장시간 식사를 한다.

아침식사는 차(샤이), 빵, '풀'이라고 하는 삶은 콩(우리나라 양대 같은 종류의 콩으로 대개는 집에서 삶지 않고 가게에서 사온다), 삶은 계란 등을 주로 먹는다. 점심은 주로 닭고기나 양고기, 샐러드, 쌀밥, 빵, 야채에 쌀을 넣어 만든 음식 등을 먹는다. 저녁 식사는 대개 오후 9시 이후에 하며 우유, 치즈, 잼, 빵, 차, 과일, 채소류 등을 가볍게 먹는다. 혹시 아랍인이 저녁 6시경에 만나자고 하면 이는 차나 커피 정도 마시는 것으로 이해하면 된다.

1. 아랍 음식의 역사

이슬람 출현 이전 아라비아반도의 아랍 음식은 주변의 비잔틴제 국이나 페르시아 사산제국과는 비교할 수 없을 정도로 소박하고 검소했다. 사막이라는 척박한 환경에서 아랍인들이 얻을 수 있는 음식 재료는 매우 제한적일 수밖에 없었기 때문이다. 또한 사막의 베두인들은 이동 중에 섭취하기 편한 음식을 선호했다. 베두인들이 요리에 쓰는 주재료는 주변에서 쉽게 구할 수 있는 곡물, 자신들이 기르는 가축의 고기와 여기서 얻는 우유와 유제품, 오아시스 주변에서 자라는 대추야자와 과일이 전부였다. 조리법 또한 유목 생활에 적합하게 단순했다. 이동생활 시에 취식하기 용이하도록 불에 굽거나 하나의

오아시스와 대추야자

냄비에 갖은 재료를 넣고 끓이는 음식이 주를 이루었다.

7세기 초 이슬람의 출현과 영토 확장으로 인해 아랍 베두인들의 음식 문화도 점차 변화되었다. 아랍인들은 비잔틴제국과 사산제국으로부터 세련되고 화려한 음식 문화를 수용하기 시작했다. 비잔틴제국으로부터는 고급스럽고 세련된 로마의 궁중요리를 수용했고, 사산제국으로부터는 인도와 중국에서 건너온 향신료가 많이 들어가는 음식을 수용했다. 또한 북아프리카, 유럽, 인도의 이국적이고 독특한 음식 문화 또한 이슬람세계의 확장과 함께 수용되었다.

우마이야조가 되면서 대부분의 아랍인들은 유목 베두인의 삶을 청산하고 광대한 제국의 주인으로 정착생활을 하기 시작했다. 아랍인들은 베두인 생활에서는 접하지 못했던 다양한 곡물과 열매를 풍요롭게 확보할 수 있었다. 이로써 사막의 베두인 음식 문화에 일대 혁명이 일어나게 된다. 사막의 제한된 환경에서 얻을 수 있었던 곡물, 대추야자, 고기 등으로 만든 단순하고 투박했던 아랍인의 식탁 위로 다양한 음식 재료가 올라오기 시작했다. 그중에는 예루살렘산 건포도, 팔미라산 올리브, 시리아산 사과, 이집트산 밀, 남부 아라비아산 수수, 요르단 계곡에서 생산된 쌀도 있었다. 팔레스타인 지역의 양과 염소, 아덴만에서 잡은 생선, 아시아에서 생산된 사탕수수, 시금치, 망고, 바나나도 있었다. 무슬림들은 세계의 향신료 무역을 장악하고 있었기 때문에 각종 향신료도 풍부하게 구할 수 있었다.

향신료(모로코)

이제 아랍인들은 바닥에 천을 깔고 간단한 상을 차리는 대신, 세련되고 고급스러운 음식과 이에 걸맞은 접시에 음식을 담아 먹기 시작했으며 식탁을 이용하기 시작했다.

압바스 시대는 이슬람 문화의 황금기였으며, 수도인 바그다드는 세상의 중심이 되어 세상의 진귀한 물품들은 모두 바그다드로 몰려들었다. 중국의 육계와 대황, 인도의 코코넛, 중앙아시아 박트리아의 포도, 이란 이스파한의 꿀, 사과, 사프란, 소금, 이라크 모술의 메추라기, 이집트의 석류, 무화과, 식초소스 등이 모두 바그다드의 식탁에 오르게 된 것이다. 특히 아랍인 우월주의를 표방했던 우마이야조와 달리 다문화주의를 표방했던 압바스조 시대에는 아랍의 전통음식에 이란, 터키, 인도, 중국, 지중해지역의 모든 음식들이 녹아 들었다.

이후 오스만제국 시대에는 음식 문화의 주요 무대가 아랍에서 터키로 이동한다. 터키에서는 궁중음식이 발달했으며, 발칸지역과 북부 아프리카에 이르기까지 오스만제국의 음식 문화가 널리 퍼졌다.

커피와 같은 일부 품목은 유럽까지 진출한 오스만제국의 영향으로 유럽에 전해졌으며, 이후 세계인의 기호식품이 되었다.

2. 하람과 할랄

음식의 하람과 할랄에 대한 샤리아 규범은 코란의 포괄적인 기본 원칙이 하디스(순니)에서 조금 더 폭넓게 확대되었으며, 순니 4대 법학파에 이르러 구체적이고 세부적인 규정들로 제정되었다.

음식의 하람과 할랄에 대해 기록된 코란의 주요 구절은 다음과 같다.

"죽은 것, 피, 돼지고기, 알라가 아닌 다른 것에게 제물로 바친 것, 목 졸라 죽인 것, 때려죽인 것, 떨어져 죽은 것, 서로 싸우다 죽은 것, 맹수에게 심하게 상처 입은 것-너희들이 희생(도살)한 것은 제외라-, 우상을 위해 도살된 것, 화살 내기로 분배한 것은 너희들에게 금지되었다."(코란 제5장 3절)

한편 코란 구절의 포괄성과 불명확성은 하디스(순나)의 확인이나 해설, 제약, 한정 또는 새로운 규정의 제정을 필요로 하게 된다. 결국 예언자 무함마드가 사망한 이후의 통치자들과 법학자들은 시대의 변화에 따라 발생하는 새로운 사안에 적합한 해결책을 코란에서 찾지 못할 경우 예언자의 하디스(순나)에 의지할 수밖에 없었다.

하디스에는 음식 관련 구절이 20여 개에 달하는데, 음식의 하람과 할랄을 직접 언급하는 구절은 다음과 같다.

"우리는 카이바르의 날에 임시결혼(무트아)과 집에서 기른 당나귀 고기를 먹는 것을 금하였다."(무슬림 하디스 1407f)

"우리는 알라의 사도와 7번의 원정을 갔고 메뚜기를 먹었다."(무슬림 하디스 1952a)

"송곳니가 있는 모든 짐승과 발톱이 있는 모든 새의 식용은 금지되어 있다."(무슬림 하디스 1934a)

하디스(순나) 구절에서는 양의 간, 콩팥, 허파, 심장, 달콤한 음식과 꿀, 호박 요리, 오이, 말, 야생 당나귀, 메뚜기의 식용을 예언자 무함마드의 직접적인 경험이나 주변 인물들의 증언을 통해 허용한다. 반면에 송곳니가 있는 짐승과 발톱이 있는 새, 집에서 기른 당나귀의 식용을 금지한다. 또한 마늘이나 양파에 대해서는 완전한 금지가 아니라 모스크에 갈 때는 금지한다는 부분적이고 제한적인 금지를 한다. 도마뱀의 경우는 하람과 할랄을 판단하기 어려운 상황이다.

한편 9-10세기에 활발한 활동을 했던 순니 4대 법학파(하나피, 샤피이, 말리키, 한발리)는 코란과 순나(하디스)의 규범을 바탕으로 하여 이 즈마으와 끼야스 등의 법원을 통해 동시대의 현실생활에 필요한 세 부적이고 구체적인 규정을 제정하였다. 이때 법학파들의 법적 견해 의 특징은 공통의 견해(이즈마으)와 서로 다른 견해(이크틸라프)가 공 존한다는 것이다. 즉 어떠한 사안에 대해 법학파들 간에 견해가 같 을 수도 있고 다를 수도 있으며, 하나의 법학파 내에서도 법학자들 간에 견해가 같을 수도 다를 수도 있다. 중요한 것은 법학파와 법학 자의 모든 견해가 모두 법적 효력이 있다는 것이다.

순니 4대 법학파들은 '죽은 것, 바다 동물, 송곳니가 있는 짐승과 발톱이 있는 새, 당나귀, 도마뱀, 메뚜기'에 대해 매우 세부적인 견해 를 제시하였는데, 여기서는 '송곳니가 있는 짐승과 발톱이 있는 새' 에 대한 법학파들의 견해를 제시한다.

"송곳니가 있는 모든 짐승과 발톱이 있는 모든 새의 식용은 금지 되어 있다(무슬림 하디스 1934a)"는 하디스(순나)의 직접적인 근거가 되 는 코란의 언급은 발견되지 않는다. 순니 4대 법학파들은 이와 같은 예언자의 하디스(순나)에 대해 독자적인 견해(금지, 허용, 혐오, 예외)를 내어놓았다.

일반적으로 법학파들은 매(송골매, 인도매)와 독수리처럼 사냥에 사 용되는 발톱을 가진 모든 새는 식용이 금지된 조류로 본다. 그러나 비둘기처럼 발톱이 있더라도 사냥에 사용되지 않는다면 식용을 허용한다. 맹수 중에서 송곳니가 있고 이 송곳니로 다른 동물을 공격하는 동물의 식용을 금지하는데, 이러한 동물에는 사자, 표범, 늑대, 곰, 코끼리, 원숭이, 치타, 자칼, 집에서 기르거나 야생인 고양이 등이 포함된다. 그러나 송곳니는 있지만 이것으로 해를 끼치지 않고 다른 동물을 공격하지 않는 낙타의 식용은 허용한다. 그 외 후투티, 제비, 부엉이, 박쥐, 까치, 까마귀는 식용이 금지된 새들이지만, 검은색 부리와 붉은 다리를 가진 갈가마귀와 날개가 큰 갈가마귀는 식용을 허용한다. 이러한 일반적인 규범에 대해서도 법학파들 간에는 세부적으로 이견이 있다.

첫째, 말리키 법학파는 다른 사람의 권리(소유)가 아닌 깨끗한(해롭지 않은) 모든 동물의 식용을 허용하므로, 매나 독수리 같이 발톱을 가진 모든 새들도 할랄이라고 본다. 사자나 표범 같은 모든 육식 맹수들의 식용은 하람이 아닌 마크루흐(혐오)로 본다. 원숭이와 유인원의 경우는 하람이라는 주장도 있고 마크루흐라는 주장도 있는데, 마크루흐가 좀더 우세하다. 제비, 독수리, 까마귀와 같은 새들의 식용은 할랄이라고 보지만, 후투티에 대해서는 할랄과 마크루흐라는 주장, 박쥐에 대해서는 하람과 마크루흐라는 두 가지 주장이 있다.

둘째, 하나피 법학파는 제비와 부엉이의 식용은 허용하지만, 후투티는 마크루흐로, 박쥐는 마크루흐와 하람이라고 주장한다. 까치는 곡식과 시체를 먹기 때문에 마크루흐로 본다.

3. 라마단의 음식 문화

이슬람력 9월 라마단이 되면 무슬림들은 낮시간 동안 모든 음식을 금한다. 아예 먹지 않는 것이 아니라 다만 음식을 섭취하는 주 시간대를 밤과 낮을 바꾸는 것으로 이해하면 된다. 단, 병자, 노약자, 정신병자, 생리 중인 여성, 임산부, 수유 중의 여성, 여행객, 아이 등은 금식에서 제외된다. 특히 생리 중인 여성은 자신이 금식을 행하지 못한 일자를 세어 라마단이 끝난 후 보충할 수 있다. 이처럼 이슬람은 예외를 인정하며 이에 대하여 관대하다.

라마단 달에 무슬림이 행하는 금식이나 금욕의 폭은 상당히 넓다. 금식에는 음식을 삼가는 물리적인 금식 행위뿐만 아니라 감각적인 즐거움이나 험악한 말과 행동을 삼가는 정신적인 금욕행위도 포함된다. 심한 경우 자신의 침도 삼키지 않는 사람도 있다. 무슬림은 라마단 기간의 낮시간 동안 음식 섭취뿐만 아니라 물과 담배 그리고 부부관계까지도 삼간다. 그래서 웬만하면 라마단 달에는 결혼식을 올리지 않는다. 즉 성결한 신앙인의 자세를 견지하는 것이다.

라마단 기간에 무슬림이 먹는 식사는 하루에 두 끼이다. 첫 번째 식사는 일몰 직후에 금식을 깨는 '이프타르'이고, 두 번째 식사는 새벽 동이 트기 전에 먹는 '사후르'이다. 사람마다 이프타르를 하는 방식은 다르다. 일몰 직후 바로 식사를 많이 하는 사람도 있고, 물과 함께 대추야자 두세 알로 금식을 멈추고 기도를 한 뒤 식사를 하는 사람도 있다. 대부분의 무슬림은 사도 무함마드가 행했던 방식이라고 믿는 후자의 방식을 선호한다.

하리라

금식을 깰 때 먹는 이프타르 음식은 지역마다 다르다. 걸프 지역에서는 '라마다니야'라는 음식으로 단식을 종료하는데, 밤새 물이나 우유에 담가 놓은 견과류로 만든다. 또는 마른 살구, 무화과, 자두 등을 밤새 물에 불려 살구 반죽, 아몬드, 피스타치오, 잣, 오렌지 물과 섞은 것을 주메뉴 시작 전에 먹기도 한다. 북아프리카에서는 '하리라'라는 수프로 하루의 식사를 시작한다. 하리라는 양고기를 우려낸 육수, 양고기, 렌즈콩, 병아리콩, 토마토, 양파, 마늘, 허브, 향신료 등을 섞어 만든 수프이다. 터키에서는 양의 내장으로 만든 수프로, 이란에서는 우유, 쌀, 쌀가루, 샤프란 등으로 만든 수프로 하루의 식사를 시작한다. 간단히 식사를 마치면 모스크에서 저녁예배를 드린 후 본격적으로 식사를 시작한다.

무슬림들은 라마단 기간 동안 전통적으로 가족, 이웃, 친지와 함께 이프타르를 같이한다. 이때 먹는 식사의 양은 엄청나다. 마치 하루 동안 먹지 못했던 것에 대해 보상이라도 받으려는 듯이 다음 날 금식 시간이 시작되기 직전까지 쉬지 않고 먹는 경우도 있다. 산술적으로 따지면 라마단 기간 동안 하루 한 끼나 두 끼 이상을 거르게 되므로 소비가 위축될 것 같지만, 무슬림들에게 라마단은 오히려 소비의 달이다. 가족, 친구나 친지를 돌아가면서 초대해 같이 식사를 하기 때문이다. 무슬림들은 이프타르를 준비할 때 자신들의 관대함을 보이기 위해 음식을 풍성하고 넉넉하게 준비한다. 이 때문에 남은 음식 쓰레기가 심각한 사회문제가 되기도 한다.

라마단 때 두 번째로 중요한 식사는 일출 전에 해결하는 새벽식사인 '사후르'이다. 이는 대부분 아주 가벼운 수프를 먹는 것이다. 금식을 하는 동안 갈증을 느끼지 않도록, 수프를 만들 때 너무 짜거나 소화하기 힘든 재료는 쓰지 않는다. 사후르의 방식도 개인에 따라 다르다. 어떤 사람은 새벽에 일어나 금식이 시작되기 전에 먹는 반면, 늦게까지 잠을 자지 않는 사람은 사후르를 해결하고 잠자리에 든다. 과거에는 전통적으로 '무사하라'라고 불리는 사람이 골목골목 돌아다니면서 노래를 부르고 드럼을 두드리며 잠을 자는 사람들을 깨웠다고 한다. 라마단 월에 한밤중이 되면 야식을 팔러 다니는 상인들의 외침을 들을 수 있다. 마치 우리나라의 '찹쌀떠-억'마냥. 그리고 집집마다 라마단을 축하하는 파누스라는 등을 한달 내내 달기도 한다.

4. 대추야자

대추야자는 고대부터 현
대에 이르기까지 아랍 무슬
림들이 가장 사랑하는 열매
이다. 대추야자에는 단백질,
당분, 철, 마그네슘, 칼륨이
풍부하다. 특히 무슬림들에
게 대추야자는 라마단에 없
어서는 안 되는 종교적 열매

타므르(알제리 알제 까쓰바 부근의 가게)

이며 축복받은 열매로 간주된다. 이슬람 전통에 따르면 사도 무함마
드는 라마단 금식 후 대추야자 몇 알로 금식을 끝냈다고 한다. 이러
한 전통은 오늘날에도 지켜지고 있다.

중동지역에서 대추야자가 재배되기 시작한 것은 기원전 5000년
경부터이다. 대추야자는 곡물보다 저렴했기 때문에 가난한 사람들
의 주식으로 애용되었는데, 생으로 먹기도 하고 말려서 먹기도 한
다. 대추야자는 성숙 단계별로 '킴리, 칼랄, 루탑, 타므르' 등의 이름
으로 불린다. 킴리는 익지 않은 상태, 칼랄은 완전한 크기로 커졌으
나 아직은 단단해서 씹으면 우두둑 소리가 나는 상태, 루탑은 익어
서 부드러운 상태, 타므르는 익은 것을 말린 상태를 말한다. 아랍인

들이 가장 즐겨 먹는 것은 타므르이다.

겨울에는 대추야자를 건조시켜 압착한 것을 주로 먹고, 때때로 잘게 다져서 보리 반죽에 섞어 구워 먹기도 하며, 대추야자를 넣은 빵은 오늘날에도 결혼식 때 많이 소비된다. 특히 사막의 유목 베두인들에게 대추야자는 매우 유용한 품목으로 낙타의 사료나 땔감으로 사용되기도 했다. 오늘날 대추야자의 최대 생산국은 사우디아라비아이며, 그 종류는 400가지가 넘는다.

5. 지역별 주요 음식

1) 걸프지역(사우디아라비아, 바레인, 쿠웨이트, 카타르, 아랍에미리트, 오만, 예멘)

걸프지역의 전통적인 음식 문화는 매우 무미건조하다. 척박한 사막기후의 영향으로 채소와 과일, 곡물이 거의 재배되지 않기 때문이다. 이 때문에 걸프지역의 음식 문화는 자체적으로 발달하였다기보다는 타지역에 의존해서 형성되었다. 다행인 것은 고대부터 걸프지역은 인도와 지중해를 연결하는 가교 역할을 하면서 타지역 음식 문화의 유입이 비교적 용이했다는 점이다. 특히 걸프지역은 고대 향료무역의 중심점에 있었기 때문에 향신료 문화가 발달할 수 있었다. 그중 향신료 교역국이었던 이란, 인도, 파키스탄의 음식에서 영향을 많이 받았다. 이러한 배경을 바탕으로 걸프지역의 음식 문화에는 사막 유목민의 단순한 전통 조리법과 인도나 이란, 파키스탄지역으로부터 유입된 향신료를 사용한 조리법이 공존한다.

한편 1960년대와 1970년대의 오일달러 덕분에 경제력이 향상된 걸프지역 거주민들은 세

맥도날드(쿠웨이트)

계 각지에서 다양한 음식을 수입할 수 있게 되었다. 특히 1990년대 이래 이 지역에 소개된 패스트푸드는 걸프지역 젊은이들의 전통 입맛을 서구식으로 변화시키는 데 큰 영향을 끼쳤다. 젊은이들은 견과류와 대추야자 대신 탄산음료, 감자튀김, 팝콘, 초콜릿과 캔디, 피자, 햄버거, 닭튀김, 소시지 등을 더 많이 먹게 되었다.

글로벌 다이어트 현상 역시 걸프지역 사람들의 음식 문화 변화에 영향을 미치고 있다. 전통적으로 아랍지역의 음식은 고지방, 고칼로리인데다 맛이 아주 짜거나 달아서 당뇨와 고혈압이 국민 질병이라고 할 정도로 흔한 병이었다. 최근 건강에 대한 염려 때문에 저지방 재료와 저칼로리 조리법을 선호하는 경향이 생겨났다. 동물성기름 대신 식물성기름을 사용하며, 양고기나 쇠고기 같은 붉은 살의 육류 대신 닭고기나 생선의 소비가 늘고 있다.

사람들의 잦은 이동 또한 걸프지역 음식 문화에 많은 변화를 가져

커피와 크루아상

왔다. 오일달러의 유입으로 이 지역을 벗어나 서구로 유학하거나 여행하는 사람들이 많아졌다. 새로운 문화를 접한 사람들은 본국으로 귀환할 때 외국에서 습득한 식생활과 조리법을 들여와 아랍의 전통 식탁에 가미했다. 사람들은 아침 식사로 전통빵보다는 크루아상에 커피를 선호했으며, 서구식 아침 식사는 곧 엘리트 문화의 상징이 되었다.

걸프지역은 국가에 상관없이 음식 문화가 흡사하다. 이들은 주식으로 빵보다 쌀밥을 좀더 선호한다. '버터로 요리한 쌀은 천국에 들어간 사람이 먹는 음식'이라는 아랍 속담이 있을 정도이다. 걸프지역에서는 쌀이 끼니마다 제공되기 때문에, 이집트와 시리아에서 빵을 지칭할 때 쓰는 '아이슈(에쉬)', 즉 '삶'이라는 표현을 쌀에도 쓴다. 쌀은 걸프지역 요리의 가장 기본으로서 주로 버터에 볶아 고기나 생선과 함께 내놓는다. 또한 걸프지역은 바다가 인접해 있기 때문에 생선이 많이 소비되는 편이다. 특히 콩과 함께 생선은 석유 발견 이전에 비싼 육류를 쉽게 먹을 수 없는 사람들에게 주된 단백질 공급원이었다. 생선 요리법은 크게 굽기, 튀기기, 건조시키기의 세 가지 방법이 있다. 또한 걸프지역에는 이란 이주민에 의해 정착된 염장법이 발달했는데, 한국의 젓갈과 같은 염장법의 원리로 만든 생선 소스인 '메히야(미흐야와)'와 '타레'가 유명하다.

걸프지역의 대표적인 음식으로는 '꾸지'를 들 수 있다. 꾸지는 손님을 초대했을 때나 명절 때 환대와 관대의 상징으로 양 한 마리를 통째로 구워서 내놓는 요리이다.

이 외에도 고기, 생선, 닭, 새우 등을 쌀과 함께 조리해 내놓는 '마추부스', 인도 음식인 '브리아니', 베두인의 전통음식으로 고기 및 야채와 함께 조리하는 밀가루 음식인 '마르꾸끄', 만두와 비슷하

위에서부터 미흐야와, 꾸지, 마르꾸끄, 삼부사

게 생긴 삼각형 모양의 음식으로 인도에서 유래된 '삼부사', 걸프지역 사람들이 진주 채취와 고기잡이를 나갈 때 주된 단백질 공급원이었던 콩 요리가 있다.

2) 북아프리카지역(모로코, 알제리, 튀니지, 리비아, 이집트, 수단)

북아프리카지역은 유목민인 베르베르인의 음식을 바탕으로 고대 로마와 아랍의 영향을 받아 풍요로운 음식 문화가 발달했다. 특히 7세기 이후 이 지역을 정복한 아랍의 영향으로 북아프리카 음식에는 샤프란, 육두구, 시나몬, 생강, 정향나무 같은 다양한 향신료가 첨가되기 시작했으며, 오스만제국 때는 터키로부터 달콤한 페이스트리와 빵 종류가 이 지역에 소개되었다. 이후 19세기 들어 본격적인 서구의 식민 시대가 시작되면서, 이탈리아의 지배 하에 들어간 리비아를 제외한 모로코, 알제리, 튀니지는 프랑스 음식 문화의 영향을 많이 받게 되었다. 오늘날까지도 북아프리카지역 아랍 무슬림의 식탁에서는 유럽의 자취를 찾아볼 수 있다. 프랑스인의 빵인 바게트와 이탈리아의 대표 음식인 파스타가 아랍의 전통빵인 '에쉬'와 쌀을 대신해 아랍인의 식탁에 자주 오른다.

북아프리카 사람들이 즐겨 마시는 대중적인 음료로는 터키식 커피와 민트티가 있다. 민트티는 차에 박하 잎과 설탕을 넣어 마시는 것으로, 박하향이 은은하게 풍겨 맛이 무척 상큼하다. 튀니지에서는

바게트(사진 왼쪽)와 아랍빵 '홉즈'(사진 오른쪽)

잣을 듬뿍 넣기도 한다.

걸프지역의 음식 문화가 국가를 초월해 서로 비슷한 반면, 북아프리카의 음식 문화는 국가별로 특징이 뚜렷하다. 예컨대 모로코에서는 우아한 궁중 스타일 음식이 발달했으며, 튀니지는 열정적이고 자극적인 것이 특징이고, 이집트, 알제리, 리비아, 수단 등지의 음식은 소박한 것이 특징이다.

모로코의 음식은 타지역에 비해 세련되고 화려하다. 중세 아랍 궁중요리의 전통을 이어받은 데다 지리적으로 가까운 스페인 남부의 음식 문화에서 영향을 많이 받았기 때문으로 보인다. 또한 모로코는 유럽의 음식 문화를 수용하는 것에 그리 거부감이 크지 않았다. 모로코의 전통 음식으로는 '하리라'가 있다. 하리라는 밀가루와 달걀을 섞어 걸쭉하게 만든 닭고기 수프로써 만드는 방법이 다양하다.

그 밖에도 모로코의 대표적인 음식으로는 거친 밀가루와 소금과

쿠스쿠스(좌)와 따진(우)

물로 만든 '쿠스쿠스'와 닭고기를 단맛과 신맛이 나도록 요리한 수프인 '따진'이 있다. 따진이라는 이름은 이 음식을 요리하던 얇고 둥근 모양의 진흙으로 만든 그릇에서 유래한 것이다.

튀니지의 음식은 '태양의 음식'이라고 부를 정도로 이 지역에서 가장 맵다. 튀니지인은 고추, 마늘, 말린 토마토, 소금, 올리브유 등으로 만든 '하리사'라는 매운 양념을 끼니 때마다 식탁에 올려 수프나 죽에 첨가해 먹는다. 튀니지인은 육류뿐 아니라 바다가 접해 있다는 지정학적 혜택을 살려 새우, 참치, 정어리, 숭어와 문어를 포함해 생선류도 즐긴다. 튀니지 음식은 식민지 경험으로 인해 프랑스 음식 문화의 영향을 많이 받아 아랍의 전통빵보다는 바게트빵을 주식으로 삼는다.

알제리 음식은 알제리의 역사를 고스란히 반영한다. 현대 알제리 음식은 고대부터 이 지역에 뿌리내리고 산 베르베르인의 음식, 7세기부터 알제리를 정복한 아랍 무슬림과 오스만제국의 음식, 19세기에 알제리를 정복한 프랑스의 음식 등이 혼재되어 있다. 알제리 사람들은 베르베르 사람들로부터 쿠스쿠스를, 아랍 무슬림들로부터 샤프란, 육두구, 생강, 마늘, 시나몬과 같은 향신료가 첨가된 음식 문화를, 오스만제국으로부터 페이스트리를, 프랑스로부터 바게트 문화를 받아들였다. 따라서 아랍적이면서 유럽적이고, 또 아프리카의 맛이 혼합된 것이 알제리 음식 문화의 특징이다.

하리사(상), 파스타(중), 샤크슈카(하)

리비아 음식은 북아프리카의 다른 나라와 마찬가지로 원주민의 전통 음식에 아랍과 지중해지역의 영향을 받았다. 타 국가와 구별되는 리비아 음식의 가장 큰 특징은 이탈리아 식민 지배로 인해 파스타가 리비아의 국민음식이라고 할 정도로 흔하게 식탁에 오른다는 것이다. 리비아는 역사적으로 트리폴리를 중심으로 한 '트리폴리타니아'와 벵가지를 중심으로 한 '키레나이카'로 나뉘는데, 이 두

지역 중앙에 위치한 시트르는 '쿠스쿠스 라인'으로 알려져 있다. 즉 이곳을 중심으로 서쪽지역은 쿠스쿠스를 많은 먹는 지역이며, 동쪽지역은 쿠스쿠스를 그다지 많이 먹지 않는 지역이다. 가장 대표적인 리비아음식으로는 토

풀

마토소스를 넣은 잘게 썬 양고기와 야채 요리에 계란을 얹은 '샤크슈카'를 들 수 있다.

이집트의 음식은 지중해 건너 유럽과 주변의 아랍국인 시리아와 레바논의 영향을 받아 다양하고 풍부하다. 또한 이집트 음식은 터키음식과 상당히 비슷한데, 1517년 이집트가 오스만제국에 병합된 이래 술탄의 궁에서 요리되던 음식 조리법이 이집트에 전수되었기 때문이다.

이집트의 가장 대표적인 음식은 고대 파라오 시대까지 거슬러 올라가는 수천 년의 역사를 자랑하는 콩 요리인 '풀'이다. 천천히 푹 익힌 잠두콩에 올리브유, 레몬즙, 마늘, 향신료를 섞어 만든 풀은 고대부터 지금까지 서민들의 대표적인 아침 식사로 자리잡고 있다.

쿠샤리 또한 이집트인의 대표적인 음식으로서 파스타, 쌀, 렌즈콩을 토마토소스에 섞어 튀긴 양파를 얹어 먹는 것이다. 쿠샤리는 과

쿠샤리(좌)와 따으미야(우)

거에는 가난한 사람들의 음식으로 여겼으나, 오늘날 전 국민이 사랑하는 이집트인의 대표 음식이 되었다. 우리의 동그랑땡과 비슷한 튀김 요리인 '따으미야' 또한 대표적인 이집트 음식이다. 이집트는 다른 아랍지역에 비해 고기를 많이 먹지 않는다. 대신 양파와 콩을 많이 섭취하는데, 나일강과 델타지역에서 채소와 과일이 많이 생산되기 때문이다.

수단의 음식은 이집트와 에티오피아의 퓨전 음식이다. 수단 음식의 특징은 북아프리카 다른 지역과 샴지역에 비해 쌀을 적게 넣고 향신료를 많이 넣는 점이다. 이는 무더운 기후에서 음식이 부패하는 속도를 늦추기 위해서이다.

3) 샴지역(레바논, 시리아, 요르단, 팔레스타인, 이라크)

이 지역은 '레반트' 또는 '비옥한 초승달지역'이라고 부르기도 한

맛자(좌)와 바바가누쉬(우)

다. 이 지역은 현재 여러 개별 국가들로 분리되어 있지만, 유럽의 식민 지배 이전에는 하나의 지역으로 통합되어 있어 공통의 음식 문화를 공유했다. 이 지역 음식은 아랍 음식의 대표로 간주될 정도로 매우 세련되고 다양하다. 그렇게 된 이유로는 첫째, 풍성한 야채와 과일을 재배할 수 있는 비옥한 토양과 온화한 기후 때문이다. 둘째, 시리아 다마스쿠스와 이라크 바그다드를 중심으로 우마이야제국과 압바스제국과 같은 찬란한 이슬람제국이 번성했기 때문이다. 셋째, 중세 이슬람시대에 타민족이 유입되었고 식민 지배를 경험하여 타지역과의 교류가 활발했기 때문이다.

샴지역 음식의 가장 큰 특징은 에피타이저로 빵을 찍어 먹는 다양한 '맛자(멧제)'가 발달했다. 맛자에는 콩이 주원료인 홈무스, 팔라펠, 풀, 요구르트가 주원료인 라반, 가지를 갈아서 올리브유와 향신료를 첨가한 바바가누쉬 등이 있다. 샴지역 음식 재료 중 가장 중요한 것

은 올리브유, 마늘, 레몬즙으로 거의 모든 음식에 이 재료들이 들어
간다. 음식 조리법은 주로 오븐이나 그릴에 굽거나 올리브유에 절이
는 것이다. 샴지역 음식에는 버터와 크림을 잘 사용하지 않고, 채소
는 주로 생으로 요리한다.

레바논 음식은 중동지역에서 가장 세련되고 인기 있는 음식으로
유명한데, 중동지역의 터키, 시리아, 팔레스타인, 요르단 음식과 상
당히 유사하다. 레바논은 프랑스를 필두로 하여 유럽으로부터도 새
로운 조리법을 많이 수용하였다. 온화한 지중해성기후 덕분에 레바
논에서는 각종 채소와 과일이 풍성하게 생산되며, 지중해를 끼고 있
어 싱싱한 해산물 또한 풍부하다. 맛자 요리의 인기 덕에 레바논음
식은 오늘날 전 아랍세계의 음식을 대표하는 음식이 되었다.

시리아 음식은 전반적으로 레바논 음식과 상당히 유사하다. 시리
아 음식만의 특징으로는 아랍지역 음식 중 가장 정확하고 세밀하다
는 것을 들 수 있다. 샐러드용 채소만 보더라도 다른 나라와 달리 작
은 정육면체 모양으로 정확하게 썰어서 접시에 담아 내놓는다. 시리
아 사람들은 커피를 끓일 때 들어가는 향료 중 하나로 알려진 생강
과 식물인 카르다의 끝부분을 벗겨서 갈아 넣는다(다른 지역에서는 그
냥 통째로 넣고 간다). 시리아 음식의 또 다른 특징은 중세 우마이야제
국의 찬란했던 음식 문화의 영향으로 음식물의 장식이 아주 중요하
게 간주된다는 것이다.

만사프(좌)과 마끌루바(우)

요르단과 팔레스타인 음식은 매우 비슷하다. 두 나라는 지역적으로 인접해 있을 뿐만 아니라, 1948년 팔레스타인 패망 이후에는 팔레스타인 난민이 요르단으로 대거 유입되어 요르단 국민과 함께 살았다. 요르단과 팔레스타인의 음식은 사막의 베두인 음식 문화를 바탕으로 주변국인 레바논, 시리아, 이라크의 음식 문화에서 영향을 많이 받았다. 가장 대표적인 음식은 양고기를 라반과 함께 조리하는 베두인의 전통 요리인 '만사프'이다. 요르단 사람들은 축제, 생일, 장례식 등 손님을 접대할 일이 있으면 반드시 이 요리를 내놓는다. 요르단 사람들에게 만사프는 관대를 상징하는 요리로, 만사프에 넣은 양고기의 양으로 주인의 관대함을 평가한다.

'마끌루바' 역시 이 지역의 대중 음식으로 손꼽히는데, 원래는 팔레스타인의 전통 요리이다. 마끌루바는 '뒤집다'라는 아랍어 '깔라바'에서 나온 것으로 13세기 아랍 요리책에 소개될 정도로 역사가 오래된 요리이다. 냄비에 토마토를 깐 후 튀긴 가지, 양이나 닭고기, 양념한 쌀을 함께 차곡차곡 쌓아 물을 넣어 익히다가 쌀이 다 익으면 쟁반에 뒤집어 낸다.

요르단과 팔레스타인에서만 볼 수 있는 '타분'이라는 빵도 대표 음식 중 하나이다. 타분은 빵 위에 양파, 수막, 사프론을 포함해 각종 향료를 얹어 구워내는 것으로, 식사 대용으로 먹을 때는 빵 위에 구운 닭 한 마리를 얹어 내기도 한다.

이라크 음식은 레바논과 더불어 가장 세련되고 다양하다. 과거 이라크는 이슬람제국의 황금기였던 압바스제국의 중심지였다. 평등주의 원칙에 기반을 둔 압바스제국의 통합 정책은 아랍의 음식 문화에도 여지없이 드러난다. 페르시아와 터키의 많은 인재들이 압바스제국의 수도인 바그다드에 모여들었으며 자연스럽게 이들의 음식 문화도 유입되었다. 아랍의 음식 문화는 압바스 시대에 꽃을 피우게 되고, 이는 이라크 음식 문화에 그대로 전수된다.

이라크 음식은 다른 아랍 음식에 비해 향신료를 많이 첨가하는 편이다. 이라크 음식에 사용되는 주재료로는 밀, 보리, 쌀, 야채, 대추야자 등이 있다. 야채로는 가지, 오크라, 감자, 토마토가 주로 쓰이며 병아리콩과 렌즈콩도 사용된다. 육류는 양과 쇠고기, 생선과 가금류가 주로 소비되며 대중적인 음식으로는 '마스구프(마스코프)', '돌마', '브리야니'가 있다. 마스구프는 강에서 잡은 생선을 구워 레몬, 빵과

마스구프(좌)와 돌마(우)

함께 먹는 요리로써 그 유래는 고대까지 거슬러 올라간다. 돌마는
과일이나 야채의 속을 파내고 그 안에 양념한 쌀을 넣고 찌거나 또
는 과일이나 야채의 잎에 양념한 쌀을 싸서 찌는 요리이다.

11장

아랍의 음악

- 종교와 세속의 삶을 표현하다

1. 음악의 역사

1) 이슬람 이전 시대(자힐리야 시대, 450년경-622)

이 시대의 음악은 고전 아랍시(까씨다)를 읊조리는 형태였으며, 시와 마찬가지로 음악도 정령인 진(Jinn)에 의해 계시되는 것으로 믿었다. 이 시대의 가장 대표적인 노래 형식으로 '후다, 나슙, 기나, 사나' 등이 있었다. 후다는 낙타 몰이꾼의 노래에서 이름이 전해졌으며 낙타 발자국 소리의 리듬과 일치한다. 나슙은 사막에서 낙타를 타고 가는 젊은 베두인들이 읊조린 노래와 여성들이 부른 비가(애가)에서 유래했다. 기나는 후다에서 비롯된 노래로 무겁고 화려한 느낌의 노래와 가볍고 발랄한 느낌의 노래 두 종류가 있다. 기나를 전문적으로 부르는 사람들이 있었는데, 이들은 '까이나'라고 불리는 노예 소녀들이었다. 자힐리아시대 음악의 역사는 이들 까이나에 의해 주도되었다고 할 수 있다.

까이나는 노래를 하면서 공연을 하였으며, 술을 따라 주거나 매춘을 하기도 하였다. 당시 부호나 세도가들은 각자의 집에 소녀 가수들을 두어 노래 듣기를 즐겼다. 또한 오직 한 주인과 군주만을 섬기는 까이나가 있었는데, 그들 대부분은 왕의 궁전이나 군주의 성에서 살았고 노래와 음악으로 주인과 그의 가족들을 즐겁게 하였다. 그들은 주인을 찬양하는 시를 낭송하였을 뿐만 아니라 이 시들을 노래로 만들어 불렀기 때문에 이들에게는 정확한 아랍어 구사와 시 낭송 능력이 요구되었다. 까이나와 그들의 활동은 널리 알려졌으며 상인들이나 무역상들과 접촉할 기회가 많아지면서 그들 스스로 '끼얀(까이나의 복수)'이라는 이름의 조직을 설립하였다. 당시 유명한 까이나들은 메디나, 메카, 야마마, 예멘, 하드라마우트 등지에서 활동했다.

까이나들이 주로 불렀던 노래들은 형식과 내용 면에서 '사나드'와 '하자즈'로 나뉜다. 사나드는 진지함, 위엄, 명성, 자존심, 거만 등의 주제를 다루며 아랍 시의 고전적인 장음 운율에 맞추어 작곡된다. 이와 달리 하자즈는 듣는 사람의 오락과 재미를 위한 단순한 노래로서 전통적으로 단조 운율로 작곡되고 우드, 피리, 작은 북 등의 연주와 함께 불렀다.

아랍세계에는 자힐리야 시대에 이미 짧은 목의 우드와 미즈마르, 북 등의 악기가 사용되었고, 이 시대 까이나의 활동은 이후 음악에 관련된 특별한 전통과 학교의 설립을 이끌었다는 점에서 아랍 음악사에서 차지하는 비중이 매우 크다.

2) 이슬람 초기 시대(622-661)

이 시기는 예언자 무함마드가 메카에서 메디나로 이주(히즈라)한 622년부터 그의 사망 후 칼리파(후계자)로 임명되었던 네 명의 정통 칼리파들(아부바크르, 우마르, 우스만, 알리)의 통치 시기까지이다. 당시는 무함마드와 정통 칼리파들이 아라비아반도의 여러 부족들을 통합하여 이슬람 공동체(움마)를 건설하면서 부족사회에서 이슬람제국으로 나아가는 시기였다.

이슬람 초기에는 시와 음악에 대해 부정적인 인식이 있었기 때문에 이 시기는 자힐리야 시대에 비해 상대적으로 음악이나 예술의 발달이 둔해진 시기라고 볼 수 있다. 한편 신학자들과 정치가들에 의해 음악에 관한 찬반 논쟁이 있었음에도 불구하고, 세 번째 정통 칼리파 우스만의 통치 기간에는 메디나, 메카, 히자즈 등지에서 음악활동이 번성하였다. 특히 메디나는 음악 활동과 문화 활동의 중심지 역할을 했으며, 노래나 음악이 전문적인 예술 분야로 간주되었다.

이 시기에도 이슬람 이전 시대에 활동했던 까이나들의 노래 전통은 변하지 않고 지속되었으며, 아라비아반도의 베두인들 또한 이슬람 이전 시대부터 전해 내려온 비가(애가)나 전쟁 노래를 즐겨 불렀다. 특이한 점은 까이나 외에 '무칸나스'라 불리는 여장 남성 가수들이 등장하였다는 것이다. 이 시기에 주로 사용된 악기로는 우드, 미즈마르, 답프, 사누즈 등이 있었으며, 음악 역시 이슬람세계의 확장과 더불어 풍부한 문화적·예술적 특징을 갖추게 된다.

3) 우마이야 시대(661-750)

이 시기 이슬람제국의 영토는 아프리카, 아시아, 유럽까지 확장되었고, 이에 따라 아랍 음악과 문화의 지역적 범위 또한 확장되었다. 우마이야조는 아랍인 우월주의를 표방하여 아라비아반도의 가치를 고수했으며 선조들의 언어와 코란의 언어인 아랍어에 충실했다. 이러한 경향은 아랍 음악에까지 영향을 끼쳐 아랍어는 노래 가사뿐 아니라 악기 이름, 음악 용어에까지 사용되었다. 또한 가수들은 페르시아 음악과 비잔틴 음악을 들었고 그것을 아랍 고유의 스타일에 응용하여 새로운 스타일의 음악으로 발전시켰다.

우마이야 시대에는 왕궁을 중심으로 한 음악 연주가 활발히 진행되었다. 쿠르드인과 페르시아인 음악가들이 고용되었고, 그리스음악 이론의 연구와 번역이 활발히 이루어졌다. 또한 정복이나 교역에 의해 이슬람제국이 확장되면서 다양한 문화권과의 접촉이 가능해졌고, 접촉된 지역의 음악 문화를 흡수하여 더욱 풍부한 음악적 요소를 확보하게 되었다.

우마이야 시대 음악의 특징들 중 하나는 가수 뒤에서 노래를 부르는 합창단과 기악 합주단이 등장하기 시작하였다는 점이다. 사용된 악기는 우드, 플룻, 드럼이고, 연주자는 주로 여성들로 구성되었다.

또한 숙련된 전문 가수들을 양성하기 위해 음악 전문학교가 설립되었다. 학교에서는 재능 있는 가수 지망생들에게 노래 창법을 교육하였는데, 이 창법은 악기 반주를 사용하여 일정한 리듬을 반복하며 노래를 부르는 것이 특징이었다.

4) 압바스 시대(750-1258)

이 시기에는 정치적으로 페르시아와 터키의 영향이 커졌으며, 방대한 제국에 다양한 민족들이 혼합되면서 문화 양상도 다양해졌고, 제국의 번영과 함께 사회적으로 부(富)가 대량으로 유입되면서 사치와 향락이 만연하였다.

특히 전기 압바스 시대는 아랍 음악의 황금기라고 할 수 있다. 이 시기에는 각 지역의 음악가들이 모여 음악에 대한 정보를 자유롭게 교환하게 되면서 여러 문화권의 음악이 아우러지는 융합이 이루어졌다. 또한 음악에 관한 저술 활동이 활발하여 이전까지는 정형화되지 않았던 음악의 멜로디와 리듬의 양식이 규정되었다. 비약적인 악기의 발달은 연주의 수준을 향상시켰으며, 특히 파라비에 의해 아랍 악기가 현악기, 관악기, 타악기의 3종류로 분류되었다. 이러한 분류는 유럽의 악기 분류보다 훨씬 빨리 이루어진 것이다.

고대 그리스 음악 이론서가 번역된 9세기 이후부터 아랍 음악은 독자적인 이론을 바탕으로 그리스 이론과 페르시아 이론을 적절히

받아들여 독자적인 음악 세계를 구축하였다. 특히 이스파하니는 『키탑 알아가니(노래의 서)』라는 20권 분량의 방대한 음악 관련 저서를 남겼다. 7세기부터 10세기까지 대략 400년 동안 알려진 노래들의 가사와 작곡가, 가수, 악기 연주자 등의 일대기, 리듬, 노래의 선법에 관한 정보를 기록하였고 리듬의 규칙과 음계 등을 설명하였다.

후기 압바스 시대로 오면서 아랍세계는 여러 군소 국가로 나뉘는 혼란기를 맞게 된다. 특히 십자군전쟁으로 인해 이슬람세계는 스페인과의 교류가 활발해졌다. 그 결과 스페인의 토착 문화인 비시고트 문화와 버버 문화 그리고 고도로 세련된 후기 우마이야 전통이 혼합되어 독특한 선법과 음악적 형태가 나오게 되었다.

5) 오스만제국 시대(1299-1922)

오스만제국 시대 음악 활동은 주로 유명 연주가들에 의해 이루어졌다. 연주자는 가수와 기악 합주단을 동반하여 주요 명절이나 축제때 공연을 하였는데, 공연은 대부분 오후나 밤에 하였으며 가끔은 밤샘 공연을 하기도 했다. 음악가와 가수들은 전문가에게 배운 전통 창법과 악보로 구성된 악기 연주 목록을 가지고 있었던 것으로 보이나 현재까지 전해지는 악보는 없다. 음악 훈련은 전통적으로 스승이 제자에게 구두로 가르치는 형태로 이루어졌으며, 제자들은 기억에 의지하여 전문가를 따라하고 이러한 내용을 바탕으로 자유롭게 본인의 스타일로 발전시키는 경우도 있었다.

19세기 동안 아랍은 터키 및 페르시아와 가깝게 접촉했다. 특히 터키가 아랍 음악에 준 영향은 노래 가사나 선법 구조 등이며 여러 명의 터키 작곡가들이 아랍 음악의 작곡 활동을 하였다. 그리고 산투르와 탄부르(긴 목의 루트) 같은 페르시아와 터키 근원의 악기가 아랍세계에 전해져 주요 악기로 발전하였다. 오스만제국 시대의 아랍세계는 전체적으로 암울하고 정체된 시기를 맞았지만 아랍의 음악 전통을 지속적으로 유지하였다.

6) 근현대

오스만제국의 쇠퇴와 서구 열강에 의한 신탁통치 이후 1, 2차 세계대전을 거치면서 아랍세계는 분할되어 독립하기 시작했다. 더불어 아랍세계에는 범아랍주의와 서구화가 영향을 미치기 시작했다. 아랍 문화 부흥운동과 같은 문화현상에서 볼 수 있는 범아랍주의는 이제까지 아랍세계에서 지배적이었던 투르크 문화를 배제하고 아랍 문화를 재조명하며 이를 복원하고자 하는 움직임을 보였다. 특히 이집트에서는 매우 강한 민족주의가 대두되면서 오스만제국 치하에서 유행하던 터키 음악이 아랍 전통 음악으로 대체되기 시작했다.

한편 서구의 영향으로 아랍 음악에 세속화의 움직임이 나타나기 시작했다. 아랍의 음악가들은 전통적인 복장 대신 서양식 옷을 입었고, 여가수는 히잡을 착용하지 않고 공연을 하였으며, 노래 또한 종교색을 배제한 사랑 노래를 부르기 시작했다.

각 국가들은 이슬람화, 서구화에 직면하거나 또는 두 이념 사이에서 갈등하였으며, 실제로 아랍 음악도 그러한 정서를 반영하여 두 가지 방향으로 발전하였다. 하나는 아랍 음악의 전통을 재생, 부흥시키려는 시도였다. 서구 제국주의에 대항하여 아랍의 잠재의식과 아랍민족주의 사상을 부활시키고자 하는 사회운동이 시작되면서 음악계에서도 아랍 음악의 전통을 교육시키고자 하는 시도가 이루어졌다. 반면 오스만제국이 몰락하면서 아랍 음악은 유럽 음악과 접촉함으로써 근본적으로 그 내용과 형식 면에서 많은 변화가 생겨났다. 19세기 초부터 서양 음악은 터키를 통해 도입되어 이집트와 페르시아에 널리 확산되었다. 이 과정에서 유럽의 악기와 악보, 오페라와 같은 음악 형식, 음악 교육법 등이 도입되었다. 이러한 변화에도 불구하고 아랍 음악은 선율이나 리듬 측면에서는 전통 음악에서 크게 벗어나지 않았다.

20세기 초 아랍 음악의 중심지는 이집트의 카이로였다. 학자와 음악가들은 아랍 음악의 고유한 특징을 연구하기 시작하였으며, 1932년 카이로에서 아랍 음악학회가 개최되었다. 이 모임에서 학자들은 아랍 음악의 가장 중요한 특징들을 정리하고 이를 계승하기 위한 방안을 논의했다. 또한 카이로를 중심으로 전통 음악을 복원하는 작

업이 이루어졌으며, 움 쿨숨과 같은 가수는 아랍 전통 형식을 계승
한 노래를 불러서 '아랍 음악을 지킨 목동'이라는 찬사를 받기도 하
였다. 이후 파리드 알아뜨라시는 유럽의 탱고나 룸바의 영향을 받은
남미풍의 노래와 우드를 이용한 연주로 대중적인 인기를 얻었다. 특
히 아뜨라시는 전 세계적으로 유명한 아랍 전통악기 우드 연주에 뛰
어나 우드의 명인으로 불리기도 하였다.

1950년대 이후 아랍 음악의 중심지는 카이로에서 레바논의 베이
루트로 이동했다. 베이루트를 중심으로 레반트 전통 민요와 민속 춤
곡의 부흥이 일어났고, 파이루즈와 같은 가수들을 통해 민요들이 재
조명되었다. 민속 춤곡에 대한 관심 덕분에 아랍의 대중음악은 지
나친 서구화 대신 아랍 분위기가 남아 있는 온건한 형태의 서구화로
진행될 수 있었다. 현대에는 아랍 팝, 아랍 힙합, 아랍 R&B와 같은
장르의 음악이 아랍 가수나 해외의 아랍 출신 음악가에 의해 불리고
있다. 이러한 음악들은 아직도 아랍세계의 문화적인 특성을 간직하
고 있어 아랍 문화의 생명력을 여실히 보여준다.

2. 유럽으로의 음악 전파

"… 나는 엄청난 충격을 받았다. 왜냐하면 유럽 음악의 뿌리가 아랍 음
악이라는 사실을 알게 됐기 때문이다. 아랍 음악은 스페인으로 전파되

어 거기서 꽃을 피웠다. 12세기 전반 스페인 코르도바의 음악학교가 유럽 음악의 메카로 부상할 수 있었던 배경이다. 당시 '아랍-스페인'의 음유시인 음악은 이전에 듣지 못하던 아주 새로운 것이었다. 아랍의 악기 우드가 동쪽으로 전파되어 비파가 됐고, 서쪽으로 가서는 류트로 개량되어 아랍 음악은 전 세계로 확산됐다. … 우리나라에서도 흔히 볼 수 있는 양금은 서양에서 왔다고 양금(洋琴)이라고 부르지만 사실은 이란(페르시아)의 달시머가 조선 시대 영조 때 우리에게 전해진 것이다. 달시머는 유럽으로 건너가 피아노로 발전했다." (전인평, 2004,《동아일보》)

아랍 음악이 유럽으로 전파된 경로는 크게 네 가지로 요약할 수 있다.

1) 스페인과 남부 프랑스 경로

음악가 지르얍이 안달루스로 망명함으로써 아랍 본토의 음악이 스페인 안달루스로 직접 이식되는 계기가 마련되었다. 822년경 지르얍은 스승인 이스학 알마우쓸리(767-867)가 있는 바그다드를 떠나 안달루스로 향하게 되는데, 지르얍은 술탄 압두라흐만(822-852)의 환영을 받으며 코르도바에 도착했다. 지르얍은 스페인 무슬림 음악의 창시자로 여겨지는데, 그는 4현이었던 우드를 5현으로 변형시키는 시도를 했으며 코르도바에서 음악학교를 설립하고 음악 교육에 힘

썼다. 이로써 아랍 음악 전통은 지르얍을 통해 코르도바, 세빌리아, 톨레도, 그라나다 등지로 전해지고 안달루스지역의 음악 발전에 기여하게 된다.

한편 안달루스에서는 무어인이라고 불리는 베르베르계 무슬림들에 의해 아랍 본토의 바그다드에 필적할 만한 음악의 발전이 이루어졌다. 특히 이곳은 유럽의 음악에 지대한 영향을 미쳤는데, 코르도바 음악학교는 유럽 음악학의 중심지로 자리를 잡으면서 영국, 프랑스, 독일 등의 유럽 유학생들이 이곳에서 공부를 하였다. 이때 많은 아랍 음악 이론이 유럽으로 전파되면서 유럽의 음악 발전에 공헌했다. 또한 안달루스는 악기 생산의 중심지였기 때문에 이곳에서 생산된 악기들이 유럽으로 전파되었다. 현재까지 사용되는 서양 악기들은 대부분 아랍 악기의 영향을 받았다. 라밥은 이베리아반도의 전통 악기인 레벡에 직접적인 영향을 주었고, 더 나아가 바이올린에 간접적인 영향을 주었다. 고대 이집트에서 기원한 아르굴은 오르간에, 산투르는 덜시머에, 우드는 류트와 기타에 영향을 주었다.

전반적으로 스페인의 기독교인들과 무슬림들, 기타 유럽 기독교인들 간의 사회적·경제적 교류는 이슬람세계의 지식과 예술이 유럽으로 전파되는 결과를 가져왔다. 특히 스페인과 포르투갈의 음악과 민속에 끼친 아랍 음악의 영향은 너무도 명백하여 증명할 필요가 없다. 이에 대한 최초의 사례는 1252년에 작곡된 『성모마리아 찬가』이다.

이 작품에는 성모 마리아에 관한 415개의 찬송가들이 수록되어 있는데, 335개의 작품이 자잘 형식으로서 이는 아랍 음악에서 직접적으로 영감을 받은 것으로 밝혀졌다. 연구에 따르면 찬가들의 멜로디가 프랑스의 비를레(1절 2운체의 단시)와 론도(2개의 운으로 된 단시)의 형식을 따르는데, 비를레는 스페인 안달루스에 기원을 두고 있으며 무왓샤하(스페인 안달루스에서 발전한 아랍 시 형식)에서 영감을 받았다.

중세의 음유시인, 음악가, 가수들은 스페인과 이탈리아 북부뿐만 아니라 스페인 남부의 랑그독지역에 널리 분포해 있었다. 이들 음유시인들은 안달루스의 시와 음악에서 영향을 받았음에 틀림없으며, 이는 푸아티에의 기욤 9세의 시에서 명백하게 나타난다. 역사적으로 기욤 8세는 수백 명의 무슬림 죄수들을 푸아티에로 데려갔고, 기욤 9세는 이들 무슬림 죄수들로부터 많은 것을 습득했다고 한다. 교황 알렉산더 2세 또한 수천 명의 무슬림 여성들을 이탈리아로 데려갔다.

음유시인들의 형식과 주제들은 안달루스 무슬림들의 시로부터 영향을 받았다고 한다. 음유시인들은 정숙하고 도덕적인 사랑과 여성들의 이상화 같은 안달루스의 주제들을 유럽 시에 통합했다. 이와 같은 주제들은 안달루스 형식 이전의 유럽 시에서는 발견되지 않는다. "우리는 우리 전통의 고귀한 모든 것을 동방(이슬람세계)과 스페인 무슬림들에게 빚졌다."라고 할 정도였다.

2) 터키 경로

터키와 유럽의 접촉은 이슬람이 어느 때보다도 유럽과 가까워진 오스만제국 시기로 거슬러 올라간다. 오스만인들은 1453년 콘스탄티노플(이스탄불)을 점령하고, 1456년에는 아테네를, 1478년에는 세르비아와 보스니아를 점령하였으며, 1529년에는 다뉴브강으로 진출했고, 1683년에는 비엔나에 이르렀다. 오스만인들은 아프리카, 아시아, 유럽에 발을 디뎠으며, 주요 무역로를 장악하였다. 이러한 터키 루트를 통해 아랍의 다양한 예술, 특히 음악이 유럽으로 전파되었다.

오스만제국은 상비 군악대를 최초로 보유함으로써 유명해졌는데, 중앙아시아를 중심 권역으로 한 셀죽조의 유산을 기반으로 하여 '메흐테르하네'라는 이름의 군악대를 1299년에 창설하였다. 이들 예니체리 군악대는 6명에서 9명 사이의 인원으로 구성되었는데, 드럼, 질(심벌즈), 트라이앵글 등과 같은 악기들을 낙타에 싣고 다녔다. 이들은 원정대를 따라다녔으며, 군대의 중앙에 위치해서 군인들의 사기를 진작시키고 동시에 힘찬 주악으로 적들을 위협하였다. 이후 이들과 같은 예니체리 군악대가 권력을 상징하고 자신들의 공식적인 활동들을 드러내기 위해 재상들과 지방 통치자들에 의해 설립되었다.

유럽의 여행자들이 예니체리 군악대의 소문을 들었음에 틀림없겠지만, 터키의 악기가 유럽으로 소개된 것은 유럽에 확산된 터키풍인

튀르크리의 일부분으로서였다. 한편 실제적인 증거는 전쟁터에서 만들어졌다. 1683년 예니체리 군대가 비엔나에서 패배하고 군악기들을 버려 둔 것이 유럽 군악대를 만드는 계기가 되었던 것이다. 18세기부터 군악대는 유럽에 전격적으로 확산되었다. 나폴레옹 치하의 프랑스 군악대는 질(심벌즈), 드럼과 같은 오스만 악기들을 갖추었다. 오스만 예니체리 음악은 모짜르트, 하이든, 베에토벤과 같은 유명한 유럽 작곡가들의 작품에도 영향을 끼쳤다.

3) 시실리 경로

이탈리아는 6세기 롬바르드족의 침입 이후에 문화적 황폐기가 지속되다가, 9세기 샤를마뉴대제의 교육개혁으로 가까스로 피해를 복구할 수 있었다. 이후 무슬림들이 시실리를 점령한 10-12세기에는 그리스와 아랍 문화가 전례 없는 부흥을 이룩하였다. 이탈리아의 나머지 지역과 유럽으로 이슬람 문화가 전파된 것은 시실리가 노르만족에게 점령당한 것이 계기가 되었다. 노르만족의 통치자들은 이슬람 문명이 계속해 번창하는 것을 허용했고, 그들이 상속했던 이슬람 문명을 수용해 자신들의 통치하에 있던 유럽 지역으로 쉽게 전파될 수 있도록 하였다. 특히 로저 2세와 프레드릭 2세는 시실리, 이탈리아, 유럽에 이슬람 문명을 촉진시킨 인물들로 거론된다. 프레드릭 2세는 1224년에 나폴리대학교를 설립했으며, 살레르노대학교 또한

팔레르모 대성당

그의 통치하에서 중요한 기관이 되었다. 이 두 대학교들은 대량의 아랍어 판본들을 수집하였다.

하스킨스는 시실리의 역할을 다음과 같이 기술했다. "역사적으로나 지리학적으로 시실리는 그리스, 아랍, 라틴 문명의 자연스런 만남의 장소였으며, 동방(이슬람세계)의 예술과 지식이 서방으로 전파되는 자연스런 거리(街)였다.… 남부 지역은 라틴 측을 통해 문화를 습득한 것이 아니라 그리스와 아랍 학자들과의 직접적인 접촉을 통해 습득한 것이다. 특히 주요한 만남의 장소는 무슬림 시실리문명의 직접적인 상속자인 팔레르모 왕실이었다."

시실리를 통한 또 다른 전달자는 콘스탄티누스 아프리카노(?-1087)이다. 그는 스페인 그라나다의 지리조(973-1146) 시기에 현 튀니지의 카르타고에서 출생했으며, 30년 동안 동방에서 수학, 기하학, 논리학, 음악을 공부했다. 그는 팔레르모로 가서 정착했으며, 이후 시실리의 왕 로베르 기스카르의 비서가 되었다. 그는 저서, 교육, 제자들을 통해 음악을 포함한 자신의 이슬람 지식을 전수했다.

시실리는 음악 지식과 악기들을 이탈리아와 유럽으로 전파하는 데 중요한 역할을 하였다. 무슬림 치하의 시실리에서 번창했던 음악과 시 형식들은 이탈리아 남부와 북쪽에서 널리 발견된다. 류트, 레베카, 탄부라, 네이커(북), 테오르보(류트의 일종), 요흐, 카논, 메조 카논은 아랍에서 유래한 악기들이다.

프란치스코 수도원의 야코포네 다 토디가 작곡한 신비주의 찬가들 중의 절반 이상이 안달루스에서 유행했던 안달루스 방언을 사용한 노래시인 자잘이다. 『신곡』의 시인 단테 또한 이슬람의 영향을 받은 또 다른 보기이다. 역사학자들은 『신곡』이 예언자 무함마드가 승천하는 이야기(이스라으, 미으라지)로부터 모티브를 차용했다고 본다. 지옥편 28개의 노래는 시리아 지역에서 태어난 유명한 아랍 시인 아부 알라 알마아르리의 『용서의 서』와 이슬람 최고의 신비주의 사상가인 이븐 알아라비의 『빛의 벽감』의 영향을 받았음에 틀림없다.

4) 동방 경로

이 경로의 가장 중요한 시점은 십자군전쟁이다. 약 11세기부터 13세기까지 200년 가까이 진행된 십자군전쟁 동안 유럽의 성지 순례자들, 전사들, 상인들과 이슬람세계의 주민들 간에 발생했던 직접적인 접촉은 이슬람세계의 사상, 관습, 도구 등이 유럽으로 전파되는 직접적이고 결정적인 계기가 되었다. 십자군들은 탑의 디자인, 원형과 사각의 탑을 이용한 방어 성(城), 경사진 입구와 감시 망루 방어 체계, 화살 구멍과 군사 장비뿐만 아니라, 군악기들을 이슬람세계로부터 차용하였다.

당시 기독교 군대는 트럼펫과 나팔 외에는 사용하지 않았지만, 무슬림 군대는 낙까라, 따블라, 쿠스, 까쓰아, 틴발, 타비르, 발라반과 같은 다양한 드럼을 보유하고 있었다. 또한 무슬림 군대는 자므르, 수르나이, 나피르, 부끄 뿐만 아니라 질, 줄줄, 자가나(터키의 초승달 모양 악기)와 같은 악기들을 같이 사용하고 있었다. 당시 십자군 군대는 이와 같은 무슬림 군대의 악기들을 차용했다.

3. 아랍의 악기

아랍과 이슬람세계에서는 악기든 혹은 목소리든 하나같이 독특한 소리를 들을 수 있다. 멜로디의 감동, 음색 범위, 박자는 매우 유사하다. 그러나 음악의 기원은 매우 다르다. 초기 아랍 음악가들은 이집트인, 아시리아인, 수메르인에게서 많은 것을 빌려왔다. 지금 사용되는 많은 악기들은 이들 과거 문명의 벽화와 조각들에서 묘사된 것들이 직접 내려오는 것이다. 아랍 음악의 고유한 특질은 차용된 악기에 많은 빚을 지고 있다. 음악 그 자체는 고대의 전통적인 것이지만, 악기들의 현재 형태는 주로 8-10세기 사이 이슬람 문명의 창조력이 절정에 달했을 동안 발전되었다.

1) 우드

스페인어 'laud'에서 파생된 영어 단어 류트(lute)는 나뭇 가지라는 의미가 있는 아랍어 '우드'에서 왔다. 8세기와 10세기 때 우드는 4줄이었는데, 지르얍이 5번째 줄을 더했다. 그리고 6번째 줄은 15세기에 더

우드

해졌다. 뇌문이 장식되어 있고, 짧은 목을 가진, 마치 반쪽의 배 같은 모양을 한 우드는 독수리 깃털로 만든 채로 연주되는 두 겹의 6줄로 된 악기이다. 깊고 아름다운 소리를 내기 때문에 우드는 '모든 악기들의 왕'이라 불린다.

2) 나이(네이)

'나이'란 단어는 그 기원이 수메르문명으로 거슬러 올라가는데, 가장 단순한 디자인을 가진 하나의 갈대관을 일컫는 페르시아어이다. 아랍어로서의 나이는 일반적으로 전면에 손가락으로 연주하는 6개의 구멍이 있으며, 후면에는 엄지손가락으로 연주되는 1개의 구멍이 있는 속이 빈 단순한 갈대 악기를 말한다. 손가락을 움직이면서 튜브의 구멍 위에 부드럽게 입김을 불면 멋지고 달콤한 음색들이 연주된다. 입김의 힘 조절을 통해 다양한 옥타브의 소리를 만들 수 있으며, 다양한 길이의 나이를 이용해 다양한 음계의 곡조를 연주할 수 있다. 나이의 시적인 음색은 기쁨과 동경을 모두 표현하는 구슬픈 효과를 낼 때 특히 효과적이다.

3) 까눈

까눈은 고대 이집트 하프의 후손으로 10세기 이래 아랍 음악의 중요하고 필수적인 부분을 담당했다. 옛 현악기인 덜시머의 한 종류이며, '까눈'이란 단어는 '규칙 혹은 법'을 의미한다. 까눈은 12세기에 유럽에 소개되었고, 14-16세기에는 옛날의 현악기인 솔터리나 혹은 30-40개의 현이 있는 현악기의 일종인 '지더'로 알려졌다. 까눈의 형태는 사다리꼴 모양이며, 81개의 줄이 있다. 악기는 무릎 위 혹은 음악가의 테이블 위에 수평으로 놓는다. 연주자는 손가락 혹은 두 개의 채로

현을 퉁겨서 연주하며, 양손의 집게손가락으로 채를 잡는다. 까눈은
아랍 음악의 다른 어떤 도구보다 빠른 음계를 연주하는 데 적합하다.

4) 따블라

'다랍북카'로도 알려져 있는 소형 손북이며,
가장 일반적인 타악기의 하나인 따블라는 넓
은 목을 가진 항아리 모양으로 생긴 드럼 위
에 염소의 박막 혹은 물고기 껍질을 씌워 만든
다. 몸통은 대개 도기 혹은 금속으로 만든다.
연주자는 북을 왼쪽 팔 아래에 혹은 다리 사이
에 놓고 연주하며 강한 박자는 중앙을, 날카로
운 박자는 가장자리를 때려 표현한다.

따블라(다랍북카)

5) 답프(둡프)

답프는 동양 탬버린으로서, 어떤
지역에서는 '둡프, 릭끄'라고 부르
기도 한다. 릭끄는 작은(대략 직경 20
㎝) 원형 타악기이다. 원형 테의 한
쪽 면에는 동물 가죽이 씌워져 있고

답프

측면에는 작은 심벌즈들이 많이 달려 있다. 훌륭한 릭끄 연주자들이

연주하는 소리의 범주와 리듬 패턴은 매우 인상적이다.

4. 아랍의 춤

이슬람교도들은 음악이나 건축에 비해 춤과 연극은 별로 발전시키지 못한 것으로 보인다. 이는 이슬람이 춤과 연극에 대해 냉담하기도 했고 격리된 생활을 하는 여성들이 공연예술 분야에서 활동적인 역할을 할 수 없었기 때문인 듯하다. 그럼에도 대부분의 아랍국가들에서는 오락적인 쇼로서의 춤과 예술로서의 춤 외에도 활발한 민속춤의 전통이 있었다.

1) 벨리댄스

이슬람권 여성들이 추는 배꼽춤으로 '오리엔탈댄스'라고도 한다. 여러 가지 설이 존재하지만 지중해지역, 중동, 아프리카에서 시작된 것으로 추정된다. 허리를 재빨리 흔드는 동작이 특징인데, 몸통과 허리를 흔들거나 비트는 이 춤은 사막지역에 사는 민족에게 적합하다는 설이 있다. 즉 모래땅에서는 발이나 손의 동작이 제한되므로 발을 고정시키고 몸통의 동작에 중점을 두고 춤을 춘다는 것이다. 매혹적인 여성이 최소한으로 몸을 가리는 의상을 입고 추는 벨리댄스는 도시에서 발전한 것이다.

2) 수피댄스

수피댄스는 수피즘의 종교의식에
서 비롯된 춤으로서, 페르시아의 시
인이며 종교인이었던 잘랄룻딘 루
미가 창시한 것으로 알려져 있다.
두껍고 긴 치마를 입고 원통형의 모
자를 쓰고, 머리를 한쪽으로 기울인
채 한 시간 가까이 제자리에서 명상

수피댄스

을 하듯 회전한다. 이때 오른팔은 하늘을 향해 왼팔은 땅을 향해 뻗
는데, 하늘에서 신과 합일을 이루고 땅에서 그 축복을 세상 사람들
에게 나누어준다는 의미라고 한다. 이슬람의 다른 종파들이 교리나
지식을 강조할 때 수피즘은 댄스를 통해 민중들이 손쉽게 다가갈 수
있는 체험을 강조함으로써 이슬람을 대중화하는 데 기여했다.

3) 탄누라댄스

탄누라는 '치마'라는 뜻인데, 탄누
라댄스는 여러 겹의 형형색색 치마
를 입고 나와서 춤을 추는 것이다.
탄누라댄스는 이집트의 대표적인
전통춤으로서 '수피'와 '이스티으라

탄누라댄스

디'로 나뉜다. '수피'는 종교의식으로서의 춤이며, '이스티으라디(전시)'는 각종 민간 행사에서 흥을 돋우기 위한 춤이다. 댄서들은 몇십 분간 빙빙 도는 춤을 추어도 어지러움을 느끼지 않는다.

12장

아랍의 문학

- 노래와 이야기로 풀어내다

갈등과 대결로 인해 조용할 날이 없는 아랍에 낭만적인 문학이 존재할까? 의심스러워하는 이들이 많을 것이다. 그런데 놀랍게도 노벨문학상 수상자가 나온 곳이다. 우리가 올림픽을 주최했던 1988년에 이집트의 소설가 나집 마흐푸즈(이집트인들은 나깁 마흐푸즈라고 부른다)가 노벨문학상을 수상했다. 이분의 작품 몇 권이 우리말로 번역되어 있다.

아랍 문학의 역사는 가장 오래된 시기를 대략 450년경으로 보니 1,700년 정도 된다. 아랍문학의 역사와 특징, 주요 작품들을 살펴보는 방법은 여러 가지가 있지만, 여기서는 시대 구분이나 주요 사건을 중심으로 정리해 보도록 하겠다. 대략적으로 이슬람 이전 시대, 이슬람 초기 시대, 우마이야 시대, 압바스 시대, 암흑시대, 부흥 시대, 근현대 순으로 요약할 수 있다.

1. 이슬람 이전 시대

이슬람 이전 시대 또는 자힐리야 시대(또는 무지의 시대라 함)의 문학은 속담, 격언, 연설문과 같은 산문문학의 형태가 전해지기는 하지만 거의 전적으로 시문학이라고 할 수 있다. 이 시대의 가장 분명한 시의 형태는 '까씨다'라고 한다. 까씨다는 내용은 서정적이며, 형식은 운율을 정확하게 맞춘 정형시이고, 길이로는 장편시에 해당한다. 이를 종합하면 '서정 정형 장편시'라고 할 수 있다. 이러한 까시다의 주된 주제들은 사랑, 칭송, 애도, 비방, 풍자, 묘사, 술, 용맹과 같은 것이었다. 까씨다는 대체로 삼중 구조로 이루어져 있다. 우선 도입부에 해당하는 '나시브'가 있고, 이행부에 해당하는 '타칼루쓰'를 거쳐, 본 주제인 '가라드'에 이르게 된다. 사랑에 대한 이야기를 하면 '가잘'이라고 불렸으며, 누군가의 죽음을 애도하면 '리사으', 부족장이나 전쟁 영웅을 칭송하면 '마디흐', 부족의 적을 비방하거나 풍자하면 '히자으', 자연이나 생물 등을 묘사하면 '와쓰프', 술맛과 흥취를 노래하면 '카므르', 자신이나 부족 전사들의 영웅담을 노래하면 '하마사'라고 불렸다.

당시의 가장 유명하고 출중한 까씨다는 '무알라까'이며, 이들을 모아 놓은 시선집이 '무알라까트'로 알려져 있다. 이 '무알라까트'에는 일곱 시인들의 까씨다가 포함되어 있다. 그들의 이름은 이므룰 까이스, 따라파 이븐 알압드, 주하이르 이븐 아비 술마, 라비드 이븐 라비아, 아므르 이븐 쿨숨, 안타라 이븐 알샷다드, 알하리스 이븐 힐리자이다.

'무알라까트'에 수록된 7편의 까씨다를 한국어로 주해한 책이

2013년도에 출판되었다. '방랑의 왕자'라고 불리는 이므룰 까이스의
작품 중 까씨다의 형태를 맛보기로 감상해 보자.

친구여, 멈추게. 알다쿨과 하우말 사이의
구불구불한 모래터 한편에 있는 옛집과 애인을 회상하며 울어나 보세
투디하, 알미끄라 사이에 있는 옛 집터 흔적은 남풍 북풍이
마치 천을 짜듯 번갈아 불어와 지워지지 않는구나
눈에 들어오는 것은 넓은 옛 집터에 흩어져 있는,
후추 알갱이 같은 흰 영양들의 똥
나는 그녀의 일행이 떠나던 날 아침 홀로 동네의 가시나무 숲에서,
정향 껍질을 벗기듯 눈물짓는 이처럼 눈물을 흘렸었다…

2. 이슬람 초기(622-661)

이슬람 초기 시대는 이슬람 원년인 622년부터 시작하여 예언자
무함마드가 사망한 632년을 거쳐 올바르게 인도된 예언자의 후계자
들인 정통 칼리파 시대까지이다.
예언자 시대에는 연설이나 설교를 할 상황이 많았고 사방으로 이
슬람을 전파하는 과정에서 편지(서간문)를 쓸 일이 많아지면서 자힐
리야 시대보다 산문 활동이 늘어났지만, 주된 문학 활동은 시문학이

었다고 할 수 있다. 시문학은 곧 까씨다를 말하는데, 시대 상황이 많이 변화되었기 때문에 까씨다 또한 영향을 받을 수밖에 없게 된다. 형식 면에서는 자힐리야 시대의 형식, 즉 엄격한 정형시를 그대로 유지하였으나, 내용 면에서는 상당한 변화를 겪게 된다. '사랑, 칭송, 애도, 비방, 풍자, 묘사, 무용' 등과 같은 주제면에서는 별 차이가 없어 보이지만, 그 주제를 표현하는 내용을 들여다보면 큰 차이가 있다. 즉 이슬람 이전 시대의 까씨다가 세속적이고 쾌락적인 삶을 반영하였다면, 이슬람 시대의 까씨다는 이슬람 정신에 충실한 삶을 반영하였다. 특히나 자힐리야 까씨다의 서두인 나시브에서 다루었던 옛 연인과의 정렬적인 사랑과 같은 내용은 이슬람 정신에는 위배되니 사라질 수밖에 없었다.

예언자 무함마드와 이슬람의 까씨다에 대한 부정적인 시선, 이슬람 대의를 확장하려는 전쟁, 메카와 메디나를 중심으로 한 도시화의 혼란으로 인해 까씨다의 열정이 이슬람 이전 시대만큼은 활성화되지 않았지만, 주제와 내용의 변화를 통해 새로운 시대에 적응하려는 노력을 보여주었다. 즉 시인과 까씨다는 부족의 대변인이라는 자리를 버리고 이슬람과 코란과 예언자 무함마드의 대변인으로 변모하게 된다. 이슬람으로 개종한 시인들과 새롭게 이슬람을 받아들인 시인들은 자힐리야 시대의 부당함을 비방하고 공격하면서, 동시에 이슬람의 정당성을 널리 선전하기 시작하였던 것이다. 예언자 무함마드 또한 시인과 까씨다의 중요성을 인정하고 그들을 이슬람 정신을 널리 알리는데 적극적으로 활용하였다.

무함마드 사후의 정통 칼리파 시대는 이슬람이 최고로 확장되는 시기인 만큼 연설과 설교, 서간문이 발달한 시대라 할 수 있다. 예언 자에 비해 우호적이었던 정통 칼리파들 덕분에 시인과 까씨다는 이슬람을 대변하는 역할에 좀더 충실할 수 있었으며, 이슬람 영토의 확장과 더불어 아라비아반도를 넘어 널리 퍼지게 된다. 형식면에서는 자힐리야 시대의 엄격한 정형성을 여전히 고수한 반면, 내용과 주제면에서는 예언자 시대와 마찬가지로 이슬람 정신에 반하지 않는다면 모두 허용되었다.

3. 우마이야 시대(661-750)

우마이야 시대에는 영토의 확장과 더불어 시문학의 무대 또한 확대되었으며, 사람들이 사막을 떠나 사우디아라비아의 메카와 메디나, 이라크의 쿠파와 바쓰라, 이집트의 푸스따뜨(카이로), 시리아의 다마스쿠스 등과 같은 대도시로 몰려들면서 시의 분위기가 변화된다. 시의 주제가 본질적으로 바뀌지는 않았으나 정치시, 도시시가 출현하는 등 새롭고 다양한 시도들이 풍성해졌으며, 사랑과 향수의 모티브가 발달하는 등 전통주의에서 해방되는 혁신의 시대를 맞이

하였다. 그러나 그 뿌리는 여전히 자힐리야 까씨다의 전통에 있었다. 우마이야 시대의 까씨다는 무력으로 권력을 쟁취한 우마이야 가문의 대변인 역할을 하였으며 그들의 정통성을 선전하는 데 이용되었다. 물론 주제와 내용에선 이슬람의 영향권에서 벗어날 수는 없었다. 찬양시는 대상 인물의 종교적인 장점을 묘사하였고, 비방시는 이슬람에서 이탈한 적들을 주로 비방하였으며, 애도시는 성전에서 죽어 간 무슬림 전사들을 애도하였고, 무용시는 성전에 참여한 무슬림 전사들의 용맹성을 묘사하였다.

사랑에 대한 이야기는 이슬람 이전 시대 까씨다의 일부분, 특히 도입부인 나시브에서 주로 언급되었는데, 우마이야 시대에 와서는 하나의 독립된 장르로 자리잡는다. 또한 이슬람의 영향으로 자힐리야 까씨다의 쾌락적인 사랑 표현들이 사라지고, 순수한 사랑을 노래하는 순애시인 '가잘 우드리'가 등장한다.

마즈눈 라일라(라일라에게 미친 남자) 이야기의 '사랑과 죽음'이라는 테마는 이후 아랍세계를 넘어 전 세계인들에게 끊임없는 영감을 불러일으킴으로써 하나의 원형(原型)이 된다. 얼마나 사랑하고 그리워했으면 미치게 되고 결국 죽음에 이르게 될까? 만일 두 연인들이 죽지 않았다면 그들의 사랑은 기억되었을까? 그리고 보면 죽음이라는 것은 영원히 기억된다는 의미이기도 한 것 같다.

산문문학은 이슬람 초기와 마찬가지로 연설, 설교, 서간문이 주류를 이루고 있다.

4. 압바스 시대(750-1258)

압바스조는 아부 알압바스가 우마이야조를 무너뜨리고 초대 칼리파가 된 이래 1258년 몽골에 의해 바그다드가 함락될 때까지 37명의 칼리파들을 거치며 약 500년 동안 존속하였다. 압바스 시대는 정치적 변화에 따라 문화적 색채가 뚜렷하게 드러나는 금시기와 은시기로 나누어 소개하겠다.

1) 금시기(황금시대, 750-945)

이 시기는 압바스조 창건 때부터 현재의 이란을 중심으로 했던 부와이흐조가 제국의 수도인 바그다드를 점령하는 945년까지로 본다. 이 시기는 아랍인과 비아랍인들을 구분하지 않고 학문과 문학 활동을 적극적으로 장려한 아랍 시문학의 황금기라고 할 수 있다. 물론 시문학은 까씨다였고, 형식면에서는 자힐리야 시대와 달라진 점이 없다고 할 수 있다. 주제면에서도 사랑, 애도, 비방, 칭송 등과 같은 전통적인 주제들이 다루어졌으며, 가장 두드러진 경향은 도시 사회를 다루는 '도시시'가 유행하였다는 것이다.

자힐리야 시대, 이슬람 초기, 우마이야 시대 동안에 아랍 시문학

『칼릴라와 딤나』. 이 책은 10세기부터 세계 주요 언어로 번역되었다고 한다. 서양에선 『비드파이 우화』로 알려져 있는데, 서양인들 사이에서는 성경보다 더 자주 읽힌 책 또는 성경 다음으로 많은 언어로 번역된 책이라는 평가를 받고 있다.

의 정수인 까씨다의 주체는 언제나 아랍인이었다. 그런데 압바스조가 되면서 비아랍 무슬림들, 특히 페르시아인들이 까씨다의 주체로 자리잡게 되었다. 이 시대를 대표하는 시인들로는 아부 누와스, 아부 탐맘, 밧샤르 빈 부르드 등을 꼽을 수 있다.

무엇보다 이 시대의 가장 대표적인 산문문학으로는 『칼릴라와 딤나』를 꼽을 수 있다. 기원전 2-5세기경에 인도에서 산스크리트어로 기록된 설화집인 『판차탄트라』가 570년에 중세 페르시아어인 파흘라위어로 번역되었고, 압바스조가 창건되던 750년에 이븐 알무깟파가 이를 아랍어로 번역한 것이 『칼릴라와 딤나』이다.

'퉁방울의 눈을 가진 이'란 뜻을 가진 자히즈가 쓴 『수전노』는 유명하다. 이 작품은 페르시아인 구두쇠 자린고비들에 관한 재미있고 우스운 200여개의 소담들로 이루어진 아랍의 풍자 설화집이다. 이 야기의 무대가 되는 압바스 시대는 아랍 무슬림과 페르시아인을 중심으로 한 비아랍 무슬림들(마왈리) 간의 불평등으로 인해 불신과 반목, 상대에 대한 비난이 난무한 시대였다. 페르시아인들은 평등 운동(슈우비아 운동)을 전개하면서 아랍인을 '길들여지지 않은 사막의 개'나 '맨발의 유목민'으로 비유하였으며, 이에 자히즈는 아랍 무슬림을 옹호하기 위해 페르시아인 수전노들의 탐욕스러움을 적나라하게 폭로하게 된 것이다. 『수전노』는 관대함을 최고의 덕목으로 여기는 아랍인과 탐욕스러움을 절약으로 포장한 페르시아인의 첨예한 대립과 갈등을 웃음과 풍자로 승화시킨 걸작으로 평가된다.

2) 은시기(945-1258)

이 시기는 부와이흐조(932-1062)가 바그다드를 점령했던 945년부터 몽골에 의해 제국이 멸망하는 1258년까지로 본다. 부와이흐조는 약 100년간 바그다드를 지배하는데 칼리파를 허수아비로 만들어 마음대로 즉위시키거나 폐위시킨다. 이 당시 압바스제국은, 모로코에는 이드리스조, 이란지역은 사만조, 이집트에서는 이크쉬드조, 튀니지를 중심으로 한 북아프리카지역은 파띠마조, 시리아의 모술지역은 함단조, 아프가니스탄은 가즈나조, 키르키스탄 부카라지역은 셀죽조, 스페인지역은 후기우마이야조에 의해 사분오열되어 있었다. 부와이흐조로부터 벗어난 압바스조는 세력을 확장하는 셀죽조를 견제하기 위해 몽골족을 불러들였고, 1258년 칭기즈칸의 손자인 훌라구 군대에 의해 바그다드가 함락되고 만다.

사분오열된 불안한 정치 상황은 문학에도 부정적인 영향을 끼쳤다. 특히 문학의 장이 소수의 지식층에 한정됨으로써 활기를 잃었으며, 1055년 이후 모든 주도권이 셀죽 터키인들의 손에 넘어가면서 아랍 문학은 본격적인 쇠퇴기에 접어들게 되었다. 이 시기의 대표적인 시인들로는 무타납비, 우마르 카이얌, 잘랄룻딘 루미, 아부 알알라 알마아르리를 들 수 있다.

우마르 카이얌은 천문학자로서 그가 만든 달력은 16세기에 나온 그레고리 달력보다 더 정확하였다고 하며, 수학자로서는 중세 대수학에 대한 유명한 논문을 썼으며 3차방정식의 기하학적 해결을 연구하였다고 알려져 있다. 시인 우마르 카이얌은 4행시 모음집인 『루바이야트』*를 남겼는데, 이는 영국의 시인이며 작가인 에드워드 피츠제럴드에 의해 번역되고 보완되어 1859년에 『우마르 카이얌의 루바이야트』라는 제목으로 출판되었다.

다음으로 이 시대의 대표적인 산문문학, 아니 아랍과 이슬람이라는 전 시대와 전 공간을 초월하여 지구 최강의 산문문학이라 해도 부족함이 없는 '천일야화' 또는 '아라비안나이트'를 소개한다. 이 작

---

* 피츠제럴드의 재창작으로 탄생된 『루바이야트』는 영어로 발간된 시집 중에서 가장 많이 팔린 책이다. 이 책의 번역자는 루바이야트가 철저한 숙명론과 허무주의에 뿌리를 내리고 있으면서도 값싼 감상주의나 비관론에 빠지지 않으며, '오늘을 즐겨라' 식의 주제가 일관되게 흐르고 있음에도 천박하고 품위 없는 타령조의 노래로 전락하지 않는다고 말한다.

품이 태어난 연대나 집필한 작가에 대해서는 확실히 알려진 바가 없지만, 10세기 중반, 천일야화의 초판이 압둘라 무함마드 빈 압두스 알자흐쉬야리에 의해 이라크 지역에서 편집되었다는 설이 있다. 자흐쉬야리가 인도의 「40밤에 걸친 이야기」와 페르시아의 「천의 이야기(하자르 아프사나)」를 바탕으로 이라크의 여러 이야기꾼들의 이야기를 추가했다는 것이다. 그리고 그 뒤 시간이 흐르면서 인도, 그리스, 유대, 이집트의 이야기들이 추가되어 맘루 시대에 최종판이 나왔다고 한다.

이후 성적 묘사와 같은 이슬람에서 허용되지 않는 내용들로 인해 금서로 분류되면서 공개적으로 회자되지 못하고 부녀자들을 중심으로 은밀하게 전해져 왔다고 한다. 그러다 1704년 갈랑에 의해 프랑스어로 번역되었고, 1839년에 레인에 의해 최초의 영어본이 등장했으며, 1882년에 존 페인에 의해, 1879년에는 리처드 버턴에 의해 영어본이 번역·출판되었다. 천일야화가 유럽에서 번역되고 널리 알려져 유럽인들의 마음을 사로잡게 되었고, 1835년에는 이집트의 불락인쇄소에서 최초의 아랍어본인 불락본이 나오게 되었다.

지금까지 수집된 이야기는 모두 169편에 달하는데, 내용별로는 전기, 일화, 동물우화, 기상천외한 이야기, 사실적 이야기, 교훈적 이야기, 기담, 사랑 이야기, 전설 등으로 나눌 수 있다. 이야기들 속에는 아랍인 특유의 기지나 은근한 유머, 통렬한 풍자, 해탈의 관조미,

비애 등을 만날 수 있을 뿐만 아니라 남녀 간의 사랑의 속삭임과 적나라한 애정 행각까지도 선명하게 묘사되어 있다. 이러한 성격들로 인해 『천일야화』(아랍어로 '알프 라일라 와 라일라'라고 하는데 '천 밤 그리고 하룻밤'이란 뜻이다.)는 설화문학, 전승문학, 풍속문학, 서민대중문학, 서정문학, 이야기문학 등 다양한 이름으로 불린다.

5. 안달루스 시대(711-1492)

정통 칼리파 시대와 우마이야 시대에 이슬람 군대는 오늘날의 이집트, 리비아, 알제리, 튀니지, 모로코를 포함하는 북아프리카를 점령하였다. 711년에는 무사 이븐 누사이르 총독과 베르베르 군대를 이끌었던 따리끄 빈 지야드 장군이 지브롤터해협**을 건너 스페인을 정복했다. 이후 여러 왕조의 흥망성쇠를 거쳐 1492년 그라나다의 나쓰리조(1232-1492)가 멸망할 때까지 약 800년 동안 아랍 이슬람 세력이 안달루스를 통치한다.

이슬람 정복 이후 안달루스 문학은 산문보다는 시가 주류를 이루는데, 까씨다를 접한 안달루스인들이 이를 적극적으로 모방하였기

** 모로코와 스페인의 사이에 있는 해협을 '지브롤터'라고 부르는데, 원래 이 말은 안달루스를 점령했던 장군인 따리끄 빈 지야드의 '따리끄'와 산이란 뜻의 '자발', 즉 '자발 따리끄(따리끄의 산)'에서 유래되었다.

때문이다. 안달루스 시인들은 주제 면에서 아랍 본토의 까씨다와 거의 동일한 주제(사랑, 애도, 비방, 풍자, 찬양, 묘사 등)로 시를 짓게 된다. 그러나 자연을 묘사한 시나 멸망한 왕국에 대한 애도시에서는 아랍 본토의 것을 능가한다는 평가를 받기도 한다.

안달루스 시문학 하면 무엇보다 '무왓샤하'를 빼놓을 수 없다. '무왓샤하'는 '치장된, 장식된'이란 뜻이며, '진주와 보석으로 엇갈리게 장식된 여성의 목걸이나 벨트와 시각적으로 비슷하다' 하여 붙어진 이름이다. 무왓샤하는 '노래를 위해 만들어진 시' 또는 '노래시'라고 할 수 있다.

6. 터키 시대(1258-1798)

몽골족의 바그다드 점령으로 압바스조가 멸망한 1258년부터 프랑스의 나폴레옹이 군대를 이끌고 이집트를 침공한 1798년까지를 말한다. 이 시기는 다시 맘룩 시대와 오스만터키 시대로 세분된다.

아랍 문학의 측면에서 보면, 맘룩 시대에는 아랍어가 공용어와 문학어의 지위를 차지하고 있었지만 점차 독창성과 상상력을 잃어 가게 된다. 그리고 오스만터키 시대가 되면 공용어도 터키어로 바뀌게 되면서 아랍 문학은 완전히 침체에 빠지게 된다. 시는 장식적인 언어로 치장된 '말장난'이 되었으며, 전적으로 전성기의 시인과 시를 모방하게 되며, 산문 또한 독창적인 작품의 생산보다는 서간문이 주류를 이루게 된다. 이 시대의 가장 위대한 작품은 '이슬람사상 최고의 역사가', '중세 최고의 지성', '현대 역사학·사회학·경제학의 대부'라는 칭송을 받는 이븐 칼둔이 저술한 『무깟디마』라 할 수 있다. 원래 이 책은 『충고의 서, 초기의 기록, 아랍인과 페르시아인과 베르베르인 그리고 동시대의 위대한 군주들에 관한 역사서』라는 긴 이름을 가진 책의 '서문'에 해당한다.

7. 근현대

근현대 아랍 문학은 아랍세계가 20세기 중반 전후로 20여 개의 국가로 분열되면서 '아랍 문학 또는 아랍·이슬람 문학'이라고 하기에는 다양성이 너무 많이 증대되었다. 즉 각 국가마다의 특성이 반영된 국가 위주의 문학이 점차 자리잡게 되면서 '사우디아라비아 문학, 이집트 문학, 이라크 문학' 등과 같은 용어를 사용할 때가 된 것이다. 여기서는 20여 개 국가의 시와 소설 분야를 모두 다룰 수는 없고, 교양 수준의 정보가 요구된다는 점에서 주요 작가와 작품들을 집약해서 일부 내용만을 소개한다.

사랑이 그대를 손짓하여 부르거든 그를 따르라.

비록 그 길이 어렵고 험할지라도.

사랑의 날개가 그대를 품을 땐 몸을 맡겨라.

비록 사랑의 날개 속에 숨은 칼이 그대를 상처받게 할지라도.

사랑이 그대에게 말하거든 그를 믿어라.

사랑은 소유하지도 소유될 수도 없는 것.

사랑은 단지 사랑으로서만 충분할 뿐이다…('사랑에 대하여' 중에서)

서로 사랑하라. 그러나 서로 사랑에 얽매이지는 말라.

서로 빵을 주되 같은 조각을 나누어 먹지는 말라.

함께 노래하고 춤추며 즐거워하되 그대들은 따로 있게 하라.

마치 거문고의 줄들이 비록 한 음악을 울릴지라도 줄은 서로 간섭을 받지 않듯이.

함께 서 있어라. 그러나 너무 가까이 있지는 말라.

사원의 기둥들도 서로 떨어져 있고, 참나무도 사이프러스 나무도

서로의 그늘 속에서는 자랄 수 없으니…('결혼에 대하여' 중에서)

그대의 아이라 해서 그대의 아이는 아닌 것, 그들은 스스로를

갈망하는 위대한 생명의 아들과 딸이다.

저들은 그대를 거쳐서 태어났을 뿐, 그대에게서 온 것은 아니다.

비록 그들이 그대와 함께 있을지라도 아이들이 그대의 소유는 아니다.

그대는 아이들에게 사랑은 선사할 수 있으나 그대의 생각까지 줄 순 없

지브란 칼릴 지브란은 7살 때 레바논산맥의 중턱에 있는 브샤르리라고 불리는 산골 마을을 떠나 어머니, 형, 동생과 함께 미국으로 이민을 떠난다. 오스만제국 치하에서 기독교인으로 산다는 것은 고난이었을 것이다. 또한 세무 공무원이던 아버지가 횡령으로 구속된 이후의 힘든 삶이 그들이 미국이라는 신천지로 이민을 하도록 만들었을 것이다. 그가 어린 시절 살았던 브샤르리에 박물관(사진)이 마련되어 있으며, 그의 유품들이 전시되어 있다. 지브란의 대표작은 『예언자』이다. 한국어를 포함한 많은 언어들로 번역되었으며, 온라인에서도 예언자의 음성을 아랍어로 감상할 수 있다.

다…('아이들에 대하여' 중에서)(『예언자』 중에서)

"우리 사랑에서 가장 놀라운 것은 사랑에는 이성도 없고 논리도 없다는 것이다. 우리 사랑에서 가장 아름다운 것은 사랑이 물에 살지만 빠지지 않는다는 것이다."라는 니자르 깝바니의 말은 그가 왜

'사랑의 시인'이라 불리는지를 잘 보여준다. 아랍인은 참으로 사랑이 많은 민족이다. 다만 남들 보는 데서 공개적이고 노골적으로 표현하지 못할 뿐이다. 『아랍인의 사랑』은 니자르 깝바니의 대표적인 사랑시뿐만 아니라 현대 아랍세계의 사랑시와 고전 까씨다의 가잘(사랑시)을 소개한다.

그가 외투에서 신문을…

성냥을 꺼냈다

안절부절 못하는 나를 바라보지도 않고..

관심도 없이

내 앞에 있는 설탕을 집었다

찻잔에 두 조각을 녹였다

시간이 좀 지났건만

나를 바라보지도 않고

나를 사로잡은 열정을 알지도 못한 채

내 앞에 있는 외투를 들고는

서둘러 사라졌다

신문을 남겨둔 채…

홀로

나처럼… 홀로(『아랍인의 사랑』 중에서)

음악성의 비결을 묻는 질문에 팔레스타인 민족시인 마흐무드 다르위쉬는 "나는 어디에서 아침을 맞이하든 아랍어 사전을 네 쪽씩 소리 내어 읽는다."라고 대답했다.

기록하시오!

나는 아랍인이오

신분증 번호는 50000번이오

아이들은 여덟

여름이 가면 아홉째가 나오오

그래서 당신 화난단 말이오?

기록하시오!

나는 아랍인이오

채석장에서 땀 흘리는 동무들과 함께 일하오

그리고 내 아이들은 여덟이오

나는 그들을 위하여 빵 조각을 얻어내오

그리고 옷가지와 공책도

바위로부터…

그리고 나는 당신의 대문에서 자선을 구걸하지 않소

또한 비굴하지도 않소

당신의 현관 앞에서

그래서 당신 화난단 말이오?

기록하시오… 맨 첫머리에

나는 사람을 미워 안 하오

그러나 나는 … 내가 배 고팠다 하면

나는 나의 것을 빼앗은 자의 살을 먹을 것이오

조심하시오. 조심하시오… 나의 배고픔을

그리고 나의 분노를!! (『팔레스타인 문학의 이해』 중에서)

　1988년 『우리 동네 아이들』이라는 소설로 아랍어권 최초의 노벨 문학상 수상자가 된 나집 마흐푸즈는 50여 년간의 작품 활동을 통해 33권의 소설과 10권의 단편, 몇 편의 희곡, 30여 편의 영화 대본을 남겼다. 『우리 동네 아이들』은 그동안 한국어로 여러 차례 출판되었는데, 2015년에 아랍어 전공자에 의해 두 권의 책으로 완역되었다. 유대교, 기독교, 이슬람교 속 유명한 일화들을 '자발라위'라는 선조를 둔 한 마을의 이야기로 탈바꿈하여 인간의 처절한 질투, 사랑, 물욕, 애증, 복수를 펼치는 이 작품을 통해 전하고자 하는 키워드는 '평화'라고 번역자는 소개한다.

　알라 알아스와니는 치과의사다. 그는 『야쿠비얀 빌딩』을 통해 썩은 이를 찾아내듯, 이집트 사회를 카이로 도심의 한 건물에 집약해 놓고 사회를 썩게 만드는 원인을 찾아 나선다. 고위 권력자의 정치

부패, 파트너를 찾아 도시를 누비는 동성애자, 사회 빈민층, 미래의 꿈을 상실한 젊은 세대, 가족의 생계를 위해 몸을 팔아야 하는 여성, 이슬람 급진 세력과 테러, 무기력하고 향락에 취한 원로 세대 등 사회의 치부를 과감하고 용감하게 드러낸다.

문학을 뜻하는 아랍어 단어 '아답'은 '교양'이나 '예절'이란 의미가 있다. 이 말을 통해 아랍인들이 생각하는 문학의 본질을 알 수 있다. 아랍인들에게 문학은 '글로 배우는 학문'이 아니라 삶을 살아가는 데 필요한 '교양'이며 '예절'인 것이다.

아랍 문학은 그들의 아름다운 모습만을 표현한 것이 아니라 성공과 좌절, 투쟁과 상생의 역사를 기록하고 있다. 성공을 기뻐하고, 사랑을 갈망하고, 죽음을 애도하며, 절망을 원망하고, 희망을 노래한다. 아랍 문학은 이슬람 이전부터 중동과 북아프리카에 살았던 수많은 사람들의 흥망성쇠의 역사를 담고 있는 것이다.

13장

아랍인의 기층문화

- 생로병사를 말한다

기층문화는 한 민족이나 사회의 기층을 이루는 문화로서, 이 장에서는 아랍인들의 삶을 이해하는 데 필수적인 출생, 장례, 결혼, 명절, 의복, 금기 사항을 소개한다.

1. 출생

아랍인들은 아이가 태어나면 포대기에 싸서 가족들과 친척들이 모인 곳으로 데리고 나온다. 그러면 이맘이 아이의 오른쪽 귀에 대고 기도문을 낭송하는데 이를 아잔(아단)이라고 하며 왼쪽 귀에 대고 낭송하는 것을 아까마라고 한다. 부모는 아이의 출생을 기념하여 주위의 가난한 이웃들에게 자선을 베푼다. 하디스에는 자선에 쓰이는 은의 양이 갓난아이의 머리카락의 무게와 같아야 한다고 말한다. 친구나 이웃들은 집을 방문하여 아이에게 선물을 준다.

아이가 태어난 지 7일째 되는 날 '아끼까'라는 희생제가 행해지는데, 남자아이의 경우에는 병이 없는 양이나 염소 두 마리를 바치고 여자아이의 경우에는 한 마리를 바친다. 이때 남자아이는 머리카락을 자르는데, 여자아이의 경우에는 머리카락을 자르지 않는다. 희생제를 치를 때 아이의 아버지는 다음과 같이 기도를 한다. "알라시여, 저는 이것을 아들 대신 바칩니다. 양의 피는 아들의 피요, 양의 살은 아들의 살이며, 양의 뼈는 아들의 뼈요, 양의 털은 아들의 머리털입니다. 알

아끼까 초대장

라시여, 가장 위대하신 알라의 이름으로 아들 대신에 이 양을 바칩니다." 이때 동물의 가죽을 벗긴 다음 3등분하여 한쪽은 산파에게, 한쪽은 가난한 이들에게 제공하고, 나머지 한쪽은 가족들을 위해 사용한다. 7일째 되는 날 아끼까를 하지 못한 경우 14일째 되는 날, 아니면 21일째 되는 날 아끼까를 근행할 수 있다.

보통 7일째에 아이의 이름을 짓는다. 가족 중에서 가장 연장자나 코란을 암송할 수 있는 사람이 아이의 이름을 짓는데, 일반적인 경우 코란에서 이름을 뽑는다. '무함마드'는 예언자의 이름이며, 여기서 파생되어 유사한 뜻을 가진 '하미드, 아흐마드, 마흐무드' 등의 이름도 선호된다. 그 외 압둘라, 압두라흐만, 압둘카림, 살라훗딘, 누룻딘 등의 이름도 많다. 압두는 신의 종이라는 의미이며, 딘은 이슬람교를 지칭한다. 아랍인의 이름은 남자 이름과 여자 이름을 구별해서 사용한다. 가장 흔한 남자 이름은 '무함마드, 살림, 카밀, 알리' 등이

며, 가장 흔한 여자 이름은 '라일라, 후다, 파띠마 등'이다. 한편 아랍인들은 결혼하여 나이가 많은 사람의 이름을 직접 부르는 것을 피하기 위해 자녀의 이름 앞에 '아부(아버지)'나 '움무(어머니)'를 붙여 '-의 아버지(아빠)'나 '-의 어머니(엄마)' 등의 이름들을 종종 사용(아부 알리, 움무 알리)하는데, 이와 같은 것을 '쿤야(별명, 별칭)'라고 부른다. 그리고 '-의 대부'라는 의미로 아부를 붙여 쓰기도 한다. 예로 허벅지가 통통하면 '아부 바띠(오리의 아버지)'라고 하기도 한다.

2. 장례

사람이 사망하면 망자의 가족들은 친척들에게 방송 광고를 하거나 안내문을 동네에 붙여서 사망 소식을 알린다. 매장은 당일에 가능한 한 빨리 치른다. 왜냐하면 망자를 빨리 알라께로 인도하기 위해서이다. 이 지구상에 오래 머물수록 망자의 고통이 심하다고 믿기 때문이다. 의사를 불러 사망확인서를 받은 다음 보건소에 가서 사망진단서와 매장증명서를 받는다. 가족묘지 또는 공동묘지에 가서 땅을 파고 장지를 정비하는 동안, 가족 중 일부는 염을 하기 위해 장의사를 부른다. 장의사는 망자의 옷을 벗긴 후 솜과 물로 몸을 깨끗이 닦은 후(죽은 사람의 시신은 씻지 않는다) 입, 콧구멍, 귀, 항문을 솜으로 막는다. 망자에게 수의는 입히지 않으며 하얀 천으로 몸을 감싼다.

머리, 허리, 발 세 군데를 끈으로 단단히 묶은 후 나무로 짠 판자 위에 올려놓는다. 많은 경우 관을 사용하지 않으며, 관을 사용할 경우에도 관을 매장하지는 않는다.

장례식은 당일에 가능한 한 빨리 치르는데, 이는 아랍세계의 더운 날씨로 인해 부패의 위험이 크기 때문이다. 시신의 얼굴은 예배 방향(끼블라)인 메카를 향하게 하여 매장한다. 무슬림들은 지하드를 위하여 죽은 사람의 시신은 염을 하지 않는데 상처 그 자체가 영광을 발한다고 믿고 있기 때문이다. 묘지는 마을 어귀나 가까운 곳에 위치한 경우가 많다.

장례식에 참석한 여성들은 검은 상복을 입고 남자들의 뒤를 따라

무슬림 공동묘지

가며 큰 소리로 곡을 한다. 경우에 따라서는 곡을 하는 사람을 고용하기도 한다. 모스크에 도착한 장례행렬은 시신을 모스크에 내려 놓은 후 예배를 드린다. 이후 모스크에서 장지까지는 남자들만 동행한다. 여자 묘지가 분리되어 있는 곳도 있다.

장지에서 돌아오면 상주는 집이나 근처 골목에 천막을 치고 3일 동안 남자 조문객들을 받는다. 아버지, 형제, 친척들이 사망했을 때 여성은 보통 3일 이상 애도하지 않는데, 미망인의 경우에는 4개월 10일 동안 남편을 애도한다(사실 이 기간은 남편이 사망한 무슬림 여성의 재혼 금지 기간인 '잇다'와 동일하다). 애도 기간 동안 독경사가 코란을 낭송하며, 여성들은 집 밖으로 나오지 않는다. 아랍세계에서는 우리와 달리 조문객들에게 설탕이 없는 커피나 음료 정도만을 대접한다.

3. 결혼

이슬람은 결혼을 사회적 의무일 뿐만 아니라 종교적 의무로 여긴다. 코란과 하디스는 인간의 덕목을 유지하기 위해, 종족의 번창을 위해, 인간 사이의 사랑과 동정심을 확립하기 위해 결혼생활을 장려한다. 결혼은 남성과 여성 사이의 신성한 계약이며 영원한 관계의 약속이다.

아랍 사회의 결혼은 남녀 간의 직접적인 만남으로 시작되기 보다

결혼식 장면

는 대개 집안 간의 주선으로 시작된다. 신랑 측은 '카띠바'라고 불리는 중매쟁이를 통해 결혼 상대자를 물색한다. 중매쟁이의 추천을 통해 신붓감을 결정하면 신랑 측의 대표가 신부 측 집안에 청혼을 함으로써 결혼의 절차가 진행된다. 일반적으로 신부에게는 집안이 권한 신랑감을 거부할 권리가 있지만, 본인이 신랑을 선택할 권리는 주어지지 않았다. 그러나 현대에 들어서는 여성의 선택권과 권리가 점차 인정되고 있다. 결혼이 성립되는 전 과정은 신랑 측과 신부 측이 주로 친척들 중에서 임명한 '와킬'이라 불리는 결혼대리인에 의해 진행된다. 이는 아랍 사회의 결혼이 집안 간의 계약이라 여기기 때문이며, 결혼 과정에서 발생할 수 있는 불미스러운 일들을 피하기 위함이다.

결혼 과정은 지역별로 조금씩 차이는 있으나 쌍방 간의 계약에 의해 이루어진다는 점에서는 공통점이 있으며, 일반적으로 다음과 같은 순서로 이루어진다.

1) 합의

신랑 측과 신부 측이 상대방의 가문을 파악한 뒤 쌍방 간의 결혼에 대한 공식적인 합의를 맺는 단계이다. 혼례금이라 할 수 있는 '마흐르', 신부를 위한 약혼 선물, 신부가 준비할 혼수 등을 협상하는데, 협상이 구체적인 금액으로 표시되기 때문에 오해와 불화를 방지하기 위해 '와킬'을 통해 이루어진다. 쌍방 간에 구체적인 합의가 이루어지면 신랑 측이 정식으로 결혼 신청을 하며, 신부의 동의를 얻은 후 결혼을 공식적으로 발표한다.

2) 약혼

결혼을 언약하는 단계로서, 결혼을 일종의 계약으로 보기 때문에 약혼을 생략하는 경우는 거의 없다. 약혼식에서는 신랑 측과 신부 측 대리인이 손을 잡고 코란 제1장(개경장)을 함께 읽는다. 약혼은 합의가 이루어지고 난 뒤 보통 1주일 이내에 신부의 집에서 행한다. 이후 신랑은 신부의 집을 자유롭게 왕래할 수 있고 예비 남편으로서 신부에 대한 권리를 갖게 되지만, 만남이 완전히 자유로운 것은 아니다. 밀폐된 공간에 둘만 있는 것은 금기이며, 언제나 가족 구성원이 동행한다. 이처럼 약혼자들 간의 만남조차 제한하는 이슬람의 관습은 '마흐람'에 의한 것이다. 마흐람은 성숙한 여성이 함께 앉아 있는 것이 허용될 정도로 가까운 남자 가족 및 친척들(아버지, 아들, 친오

빠, 남동생, 할아버지, 삼촌, 조카 등)을 말하는데, 이들과의 결혼은 금지된다. 이 마흐람의 범주를 벗어나는 이성과의 만남은 철저히 규제되고 제한되는 것이 이슬람 사회의 일반적인 관습이다.

3) 약혼 선물

약혼 선물은 주로 금으로 된 반지, 팔찌, 귀걸이 등이며, 신랑의 경제적 능력에 따라 정도가 다르다. 약혼 이후 혼인까지의 기간 동안 신부 측에서 파혼을 할 경우 신부는 약혼 선물을 신랑에게 돌려주어야 하는데, 만일 신랑 측이 파혼을 하면 약혼 선물은 신부의 소유가 된다.

약혼 선물

4) 결혼계약서 서명

결혼계약서에 서명함으로써 두 사람의 결혼은 법적으로 인정을 받게 된다. 결혼 서약에는 2명의 남자 또는 1명의 남자와 2명의 여자 증인이 반드시 요구된다. 증인은 정상적인 사고력을 가진 무슬림이어야 하며, 신랑이나 신부의 친척들이 할 수도 있다. 결혼법무사

(마으둔)는 결혼계약서에 신랑과 신부의 인적 사항, 합의한 마흐르 액수, 증인의 인적 사항을 기록한 뒤 신랑, 신부, 신부의 보호자의 서명을 받은 후 양측에서 보관하도록 한다.

5) 신혼 초야

신랑 신부의 첫날 밤으로서, 일부 아랍국가에서는 신부의 순결 표시로 첫날밤을 보낸 후 신부의 처녀성을 확인할 수 있는 징표(이불 등)를 요구하기도 한다. 신부의 처녀성은 남편의 명예이며, 아내에 대한 남편의 독점권을 상징하기 때문이다.

한편 이슬람 사회 결혼 제도의 가장 큰 특징들로는 마흐르와 일부 사처제를 들 수 있다.

첫째, 마흐르는 '혼납금, 신부값'이라는 단어로 지칭되는데, '혼례금'이라는 용어 사용을 고려해 볼 수 있다. 마흐르는 신랑이 혼인 계약을 굳건히 하기 위해 신부에게 지불하는 것으로 이슬람식 결혼의 필수 조건인데, 사회적 약자인 여성을 위한 사회적 보호 장치로서의 기능을 한다. 결혼 후 남편은 마흐르에 대해 어떠한 권리도 갖지 못하며, 마흐르는 신부의 개인 재산으로써 전적으로 신부의 책임하에 관리된다. 결혼 생활이 어려워져도 남편은 마흐르의 사용을 부인에게 요구할 수 없다. 또한 마흐르는 신랑의 경제적인 능력을 측정하는 수단이 되기도 한다. 마흐르가 신부의 아버지나 대리인에게 지급되기도 하는데, 이는 딸을 시집보냄으로써 발생하는 노동력의 상실에 대한 금전적 보상이라는 의미가 있다. 그러나 이러한 경우에도 마흐르는 본인의 동의 없이 친정에서 함부로 사용할 수 없도록 엄격히 규제한다.

마흐르의 액수는 신랑의 경제적 능력에 따라 조정이 가능하나, 마흐르 자체를 지불하지 않는 결혼은 효력을 상실하기 때문에 마흐르는 결혼의 필수적인 요소이다. 이슬람에서는 마흐르의 액수에 대해 신랑 측에 부담이 가지 않는 적절한 액수가 좋다고 본다. 대부분의 무슬림 법학자들은 마흐르의 최소액과 최대액을 언급하지 않았으며, 하디스에 의하면 "사도 무함마드는 가장 축복받는 결혼은 최소의 비용으로 가장 간단하게 하는 것"이라고 말했다고 한다. 마흐르는 현금일 수도 있고 금, 은 등의 보석류, 부동산, 가축 등도 허용된다. 요르단에서는 낙타, 밀, 의복 등을 마르흐로 지불했다는 기록도 있다.

둘째, 일부사처제는 일부 서구학자들이 주장하듯, 남성의 성적 유희를 위해 여성을 핍박하는 제도가 아니다. 이 제도의 시작은 7세기 아라비아반도의 정치적·사회적 상황과 밀접한 관계가 있다. 당시 이슬람 초기에는 수많은 전쟁이 치러졌고 전사자가 속출하면서 전쟁 미망인과 고아들의 수가 증가하여 사회적 문제가 되었다. 일부

사처제는 이와 같은 사회적 약자들을 보호하고 구제하기 위한 사회보장책의 일환으로 시행되었다.

남편과 세 명의 부인들

모든 부인들은 정식 부인으로서 법적·사회적으로 동등한 대우를 보장받는다. 남편이 사망할 시 부인들은 동등한 유산을 받을 권리를 가지며, 자식들도 적자와 서자의 구분 없이 동등한 권리를 가진다. 한편 남자가 두 번째 부인을 원할 경우 첫 번째 부인의 동의를 얻어야 하며, 세 번째 부인의 경우에는 첫 번째와 두 번째 부인의 동의를 얻어야만 한다. 남편은 어떤 상황에서도 부인들을 공평하게 대우해야 하는데, 여기서의 공평함은 시간과 부양, 부부관계까지를 포함한다. 결혼을 한 남자가 새로운 부인을 얻을 수 있는 상황과 조건은, 부인이 불임으로 자손을 갖지 못할 경우, 부인이 성적 불구인 경우, 전쟁이나 천재지변으로 여성의 숫자가 절대적으로 많을 경우 등이다.

20세기 들어 일부사처제는 일부 국가에서만 허용된다. 이를 종교적 전통으로 승인하는 국가들은 사우디아라비아, 쿠웨이트, 아랍에미리트, 리비아, 요르단, 모로코, 이집트 등이며, 시리아와 모로코의 경우에는 두 명 이상의 부인을 둘 경우 법원의 허락을 받아야 한다. 한편 튀니지는 1956년 일부다처제를 법으로 금지했다. 2016년 10월에 발표된 보도에 의하면 사우디아라비아 남성의 18.4%가 3명 이상의 부인과 결혼을 했으며, 30대는 3.2%의 비율만이 여러 명의 부인을 두고 있는 것으로 나타났다.

4. 명절

무슬림들의 가장 큰 명절은 이드 알피뜨르(단식종료제)와 이드 알아드하(희생제)이다.

1) 이드 알피뜨르

이드 알피뜨르는 라마단(이슬람력 9월)의 단식이 끝나고 새 달(月)이 나타난 후에 시작된다. 사람들은 외부의 넓은 장소에 모여 특별예배를 하고, 특별 종교구빈세(자카트 알피뜨르)를 낸다. 이때 모은 종교구빈세는 가난한 사람들을 위해 쓴다. 이드 알피뜨르는 보통 3일 동안 지속된다. 이때 주고받는 인사말은 아랍어로 '이드 무바락'이다.

2) 이드 알아드하

이드 알아드하는 이슬람력 12번째 달(두 알핫즈)의 10번째 날이며, 이날은 순례를 마치는 날이다. 이드 알아드하는 사도 무함마드가 메디나에 머물며 메카 순례를 할 수 없을 당시, 이슬람력 2년에 제도화되었다. 순례를 하지 않는 무슬림들에게는 희생 동물을 바치는 날 하루 전에 집단예배를 행하는 날이며, 메카 순례를 하는 무슬림들에게는 순례 의식의 끝맺음을 의미하는 희생물을 바치는 날이다. 이드 알아드하는 선지자 아브라함이 하나님의 뜻에 따라 아들을 희생물로 바치지 않고 양을 희생한 것을 기념하는 날이다. 이슬람에서는 이때 바치려던 아들이 이스마일이라고 주장하며, 아브라함이 희생물을 바치던 곳은 메카 외곽의 미나였다고 주장한다. 미나는 메카

이드 알아드하 때의 희생 모습

순례의 장소들 중 하나인데, 이곳에서 무슬림들은 미나의 돌기둥들에 자갈돌을 3번 던지는 의식을 행한다. 이는 희생제를 그만두라고 유혹하는 사탄을 물리치기 위해 아브라함이 행했던 행위를 기리기 위한 의식이다.

이드 알아드하 날 아침에 무슬림들은 집단예배를 올린다. 예배 후 이맘이 국가와 이슬람 공동체를 위해 양 한 마리를 희생하고, 자신의 가족을 위해 또 한 마리의 양을 희생한다. 무슬림들은 각자 자신의 집으로 돌아가 가장이 양이나 낙타, 황소를 가족을 위해 희생한다. 이후 3일 동안 가족들이나 친척들을 방문하고 음식을 나눈다. 희생은 반드시 가장이 아니더라도 상관없는데, 주로 남자들이 행한다. 희생을 하는 사람은 "비스밀라(알라의 이름으로), 알라후 아크바르(알라는 가장 위대하시다)."라는 구절을 외친 후, 날카로운 칼로 동물의 목을 단번에 벤다. 이때 동물의 피를 모두 흘려보내는데, 대문 앞에 흘러내리는 피는 일종의 부적 역할을 한다. 이때 주고받는 인사말은 아랍어로 '쿨라 사나 와안타(여자는 안티) 비카이르'이다.

5. 의복

아랍세계의 무더운 사막기후로 인해 독특한 의복 문화가 형성되었다. 여름에는 흰색의 면, 겨울에는 회색이나 검은색의 모로 된 '싸

전통의상을 입은 아랍 남성

웁(천, 옷)’이라는 이름의 옷을 입는다. 싸웁은 지역에 따라 ‘잘라비야(갈라비야)’ 혹은 ‘디쉬다쉬’라고 불린다.

남성들은 머리에 면으로 된 ‘쿠피야’를 쓴다. 이것은 일종의 머릿수건인데 ‘타제야’라고도 불린다. 이 쿠피야 위에 숄과 비슷한 천을 덮어 쓰는데, 이것을 걸프만 국가들에서는 ‘쿠트라’, 요르단에서는 ‘핫타’라고 부른다. 그 외 지역에서는 일반적으로 쿠피야라고 하면 두건과 숄을 함께 의미한다. 쿠피야의 디자인은 다양한데, 아라비아반도에서는 회색과 붉은색 체크무늬로 된 것을 많이 볼 수 있다. 쿠피야를 지지하는 것은 ‘이깔’이라고 하는데, 이는 주로 염소털이나 낙타털로 만들어진다.

걸프지역의 여성들은 '아바아(아바야)'라고 불리는 검은 외투와 머리 숄을 착용한다. 무슬림 여성이 착용하는 머리 덮개나 의상 전체를 의미하는 '히잡'에는 '부르꾸으', '키마르', '리쌈' 등의 종류가 있다. 무슬림들이 메카 순례를 할 때 몸에 걸치는 두 장의 천은 '이흐람'이라고 한다.

6. 금기

아랍세계의 금기 사항은 대부분 이슬람 교리에 따른 것이다. 술과 마약은 공식적으로 금지되어 있으며, 돼지고기와 짐승의 피를 재료로 한 음식 또한 금기이다. 공개된 장소에서는 남녀 모두 반바지 차림이나 노출이 심한 옷은 입지 않는다. 여성들이 옷을 입고 히잡을 쓰고 수영을 하는 모습을 볼 수 있으며, 대부분의 경우 남녀의 공간이 분리되어 있다. 결혼을 하지 않은 남녀가 밀폐된 공간에 함께 있는 것도 하람이며, 공공장소에서의 애정 행각도 금기이다. 대부분의 경우 여성들에게 같이 사진을 찍자고 제의하는 것이나, 허락 없이 여성들을 찍는 것도 일종의 금기에 해당한다.

코란은 소중히 다루어야 하는데, 바닥에 아무렇게나 두거나 책 더미 사이에 두어서도 안 된다. 이슬람에서 코란과 사도 무함마드를 비난하는 것은 실정법 위반에 해당한다. 예배를 하는 무슬림들 앞을 가로질러 가거나 주변에서 떠드는 행위, 라마단 금식 기간 중 무슬림들 앞에서 음식을 먹는 행위 등도 금기이다. 남자들이 금반지를 끼거나 비단옷을 입는 것도 금기이며, 염색을 하거나 문신을 하는 것도 특별한 경우를 제외하곤 금기이다. 더러운 일을 할 때를 제외하곤 오른손을 주로 사용하는데, 음식을 먹을 때나 물건을 건네줄 때 등과 같은 상황에서 왼손을 사용하는 것도 금기라 할 수 있다.

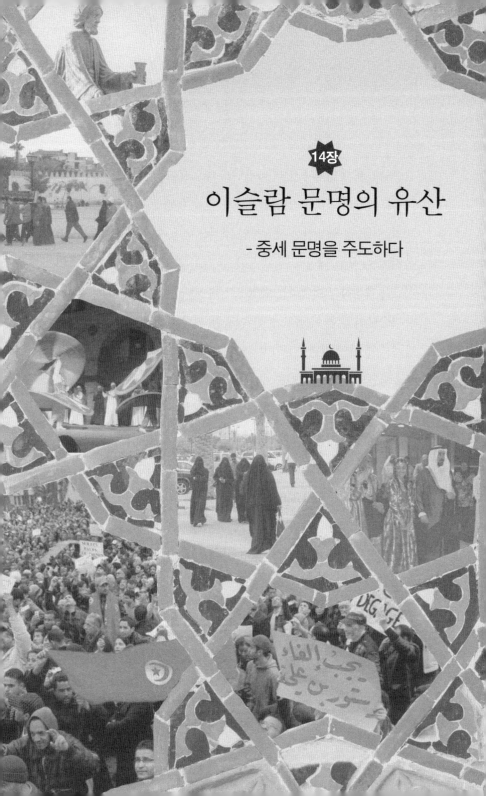

14장

이슬람 문명의 유산

- 중세 문명을 주도하다

유목민 베두인이나 상인, 아랍인과 베르베르인은 아라비아반도와 북아프리카의 혹독한 자연환경과의 생존 투쟁을 통해 자연스럽게 지리, 식물, 동물에 관한 사실적인 지식을 얻을 수 있었다. 그들은 방목지, 오아시스, 대상로, 수로 등을 잘 알고 있었으며, 별을 이용하여 시간을 측정하고 여행하는 방법도 익혀 왔다.

이슬람의 출현, 정복을 통한 이슬람 세력의 확장, 정복한 문명에 잠재되어 있는 지적·상업적 재원을 발굴하고 이용하려는 정열은 무슬림들의 실제 과학기술 수준을 비약적으로 발전시켰다. 이로 인해 8세기부터 17세기 사이의 시대는 이슬람세계 도처에서 중대한 지적·예술적·과학적 진보가 이루어진 시대였다. 이슬람문명은 다마스쿠스, 바그다드, 카이로, 코르도바와 같은 도시들을 위대한 문화적·상업적 중심지로 바꾸어 놓았다. 이러한 발전을 주도한 공동체 내에는 무슬림들뿐만 아니라 다수의 기독교인들과 유대교인들도 포함되어 있었으며, 이집트인, 메소포타미아인, 페르시아인, 인도인 또한 이슬람문명에 커다란 영향을 미쳤다.[*]

---

[*] 번역 활동, 수학, 천문학, 점성술, 지리학, 의학, 광학은 『이슬람의 과학과 문명』(하워드 R. 터너 지

1. 번역 활동

페르시아 남부의 군데샤푸르는 638년 아랍인들에 의해 점령되었는데, 이후 그리스와 고대의 철학적·과학적 지식을 전파하는 중심지가 되었다. 무슬림 칼리파들은 철학적·의학적·과학적 필사본들을 아랍어로 번역하는 작업을 적극적으로 후원하였고, 번역 사업은 바그다드와 다마스쿠스를 포함한 압바스조의 다른 문화 중심지로 확산되었다. 군데샤푸르에서의 번역 활동은 무슬림들뿐만 아니라 기독교인들과 유대인들까지 참여하는 국제적이고 범종교적인 양상을 띠었다. 2세기 동안 이루어진 번역 사업은 플라톤, 아리스토텔레스, 유클리드, 아르키메데스, 히포크라테스, 갈레노스, 프톨레마이오스와 같은 그리스 학자들의 저술을 번역하여 페르시아에서 스페인 안달루스까지 정착한 무슬림 학자들이 이용할 수 있는 많은 저서들을 생산하였다. 초기에는 의학, 수학, 천문학 등과 같이 유용하다고 생각되는 주제의 번역에 우선권이 주어졌다. 또한 바그다드에는 '지혜의 집(바이트 알히크마)'이 설립되었고, 바그다드, 카이로, 코르도바에는 학교가 건설되었으며, 코르도바와 톨레도에는 과학아카데미가 세워졌다.

음, 정규영 옮김, 르네상스, 2004)을 주로 참조하여 서술하였다.

2. 수학

이슬람 수학은 고대 이집트, 메소포타미아, 수메르, 바빌로니아, 중국, 인도, 그리스 등에 의해 4,000년 동안 발전해 오던 고도의 학문적 전통을 계승한 것이 분명하다. 일찍부터 이슬람지역에는 그리스 기하학과 인도의 산수론 및 대수학이 유입되었고, 그리스 학문은 바그다드나 군데샤푸르와 같은 곳에서 번역된 과학적 필사본을 통해, 인도 학문은 인도와의 상업적 교류를 통해 들어왔다. 기본적으로 다른 두 가지 방식의 수학이 이슬람세계에 유입된 것이다. 초창기의 이슬람 수학자들과 철학자들은 새롭게 번역을 하거나, 기존의 것을 개정함으로써 과거의 지식을 수정하여 새로운 결론에 도달하기도 하였다. 그 결과 무슬림 학자들은 수의 성질을 변화시켰고, 수학 원리를 간소화하였으며, 종국에는 새로운 분야의 수학을 만들었다.

바빌로니아와 인도로부터 손가락 계산 방식, 알파벳문자를 수로 나타내는 방식, 아홉 개의 문자와 기호 0(영)으로 수를 표현하는 방식이 무슬림들에게 전해졌다. 아랍인들은 이 기호 0을 '씨프르'라고 번역했는데, 이는 바빌로니아인과 인도인에게는 '비어 있는 자리'를 의미했다. 이 숫자 체계는 이후 유럽에 전해졌고 이후 '아라비아숫자'로 알려지게 되었다.

그리스에 기원을 둔 수학의 기본 원리와 정의들은 무슬림들에 의

시리아 하마의 물레방아

해 수의 이해와 계산의 효율성을 높이는 방향으로 발전하였다. 처음에는 60진법이 보급되었지만, 복잡한 계산을 더 쉽게 할 수 있는 십진법으로 대체되었다. 무슬림들은 산술 활동을 발전시키는 과정에서 그리스의 유산에 무리수, 자연수, 분수를 첨가하였다. 무슬림의 기하학은 유클리드에게 직접 물려받았으며, 또한 인도의 영향도 찾아볼 수 있다. 이후 무슬림들은 물레방아, 물을 끌어들이는 기구들을 포함해 모든 종류의 바퀴를 디자인하고, 농기구를 개선하고, 노포와 노 같은 전쟁 도구와 엔진을 고안하는 데 기하학을 이용하였다.

이슬람의 수학자들은 바빌론, 인도, 고대 그리스에서 물려받은 지적 유산을 세밀히 조사하고 정리하는 데 상당한 노력을 기울였다.

대수학에서는 물려받은 것 이상으로 진전을 이루었는데, 알카와리 즈미는 바빌로니아와 인도 숫자를 거의 모든 사람들이 다 쓸 수 있 도록 간단하고 실행할 수 있는 체계로 전환하였고, '대수학(algebra)' 과 '알고리즘(algorithm)'이라는 두 용어를 만들어 냈다. '알고리즘'이 라는 단어는 '알카와리즈미'의 이름을 딴 중세 라틴어에서 유래했 다. 삼각법 또한 무슬림의 창조물인데, 천구에 하늘의 점 지도를 그 리는 것에 관심이 많았던 천문학자들의 필요에 의해 학문으로 발전 했다. 사인, 코사인, 탄젠트, 코탄젠트와 같은 비율을 포함하는 삼각 법의 기능은 이슬람세계에서 큰 진전을 이룩하였다.

3. 천문학

무슬림들은 천문학을 수학적 과학 중 하나로 여겼는데, 그들이 이 어받은 천문학적 개념, 용어, 실천의 방법의 연원은 고대 그리스와 프톨레마이오스의 천문학으로 거슬러 올라간다. 일부 지식은 인도 인과 페르시아인의 유산에서 유래했으며, 고대 바빌로니아와 이집 트에서 수천 년 동안 면면히 이어 오던 지식도 포함되었다. 초창기 이슬람 천문학자들은 인도와 페르시아 원전의 영향을 크게 받았다. 페르시아 사산조는 3세기에서 7세기에 걸쳐 광범위한 과학 연구, 특 히 천문학과 의학 연구를 적극적으로 지원했다. 이후 페르시아를 점령한 아랍 무슬림 칼리파들은 페르시아 군데샤푸르에서 수행된 번역 사업을 적극적으로 후원함으로써 프톨레마이오스의 『알마게스트』를 아랍어로 번역하였다.

무슬림들은 하늘을 조직적이고 세밀하게 관찰하였는데, 이러한 노력은 달력, 예배 시간표, 12궁도를 만드는 데 필요한 정확한 시간표의 필요성으로 인해 가속화되었다. 통치자들은 시라즈, 이스파한, 레이, 마라가, 사마르칸트와 같은 곳에 관측소(천문대)를 설치하고 관찰을 통해 자세하고 정확한 별자리 지도를 만들었다.

무슬림들이 이룩한 중요한 발전들 중의 하나는 천체 관측기구의 소형화와 품질 개선이었다. 천체 관측기구인 아스트롤라베는 중세와 초기 르네상스시대에 사용되었던 중요한 계산기구였는데, 무슬림들에 의해 기능이 현저히 향상되었다. 그 외에도 천구의, 사분의, 해시계가 여러 형태로 발전했으며, 나침반은 이슬람세계에 도입된 이래 여러 형태로 개작되었다.

4. 점성술

무슬림들은 고대의 풍부한 점성술 전통을 이어받았다. 마라가와 사마르칸트에 있는 천문대처럼 대규모 천문대가 설치된 데에는 이중의 목적이 있었다. 칼리파나 왕자들이 천체운동을 관찰하기 위해

해시계(튀니지 까이라완 모스크, 좌)와
아스트롤라베

최고의 시설을 수도나 자신의 궁전에 설치하였는데, 이는 순수한 천체 관찰뿐만 아니라 정치적·군사적 계획에 필수적인 궁정 점성술사들의 해석과 예측에 기초가 되는 정확한 자료를 수집하기 위해서였다.

이슬람세계의 점성술은 성능이 좋은 관측기구를 발명하려는 발군의 노력, 수학적 계산의 향상, 복잡해지는 천문학적 연구와 분석 방법에 의해 무르익었다. 프톨레마이오스의 점성술 연구서인 『테트라비블로스(Tetrabiblos)』가 기본 텍스트가 되었으며, 많은 수의 점성술 저서들을 편찬했다. 그럼에도 불구하고 이슬람 신학자들의 강력한 반대로 인해 점성술은 큰 발전을 이루지 못했다.

5. 지리학

통치 목적뿐만 아니라 늘어나는 여행과 교역의 수요를 충족하기 위해 무슬림 지리학자들은 고대 바빌로니아인, 이란인(사산인), 그리스인으로부터 이어받은 세계의 모습, 유대인과 기독교인의 성서로부터 내려온 세계, 중국으로부터 전해진 세계의 모습을 확실히 알고 넓히려는 노력을 기울였다. 10세기까지 무슬림 지리학자들은 이슬람적 특성을 지리학에 불어넣었는데, '발키학파'에 속한 아부 이스학 알이스타크리와 이븐 하우칼은 이슬람세계를 20개 지역으로 분할하고 비이슬람 세계는 별개의 지역으로 남겨 두었다.

11세기 후반에 무슬림들은 바늘 자석을 이용하는 나침반을 중국으로부터 들여와 나침반의 정확도를 더욱 개선하였다. 무슬림들이 성지순례, 여행, 무역 등을 통해 축적한 지리 지식들은 알마스우디, 자인 야쿠트, 이븐 바뚜따, 이븐 칼둔 등에 의해 기록되었다. 한편 초기 이슬람의 세계지도는 알이스타크리가 10세기에 만든 지도처럼 각 지역의 연결 도로들을 보여주는 안내 지도로 구성되어 있었다. 이후 12세기 시칠리아의 지리학자 알이드리시가 만든 은제 양각 지도는 대륙을 탐사하기 시작했던 유럽인들의 지리학 교육에 큰 공헌을 하였다.

6. 의학

중세 무슬림 의사들은 고대 시리아, 페르시아, 인도뿐만 아니라 고대 그리스와 로마의 지적 유산을 계승했다. 그리스 로마 의학은 질병을 인간의 기질 내부에서 일어나는 자연스런 현상이라고 규정했는데, 무슬림 의사들은 환자 자신의 기질적 구조를 병의 치료에 사용함으로써 질병을 극복할 수 있다고 보았다. 무엇보다 그리스 의학의 거장들인 히포크라테스, 디오스코리데스, 갈레노스의 저서들이 아랍어로 번역됨으로써 초기 이슬람 의학 발전의 귀중한 자료가 되었다.

병원은 1,000년 이상 전에 이슬람세계에서 처음으로 발전했는데, 칼리파 하룬 알라시드의 통치 기간인 8세기에 최초로 건설되었다. 이후 이슬람세계 곳곳에 병원들이 생겨났으며 카이로, 바그다드, 다마스쿠스와 같은 도시들에 있던 이슬람 종합병원은 하나의 거대한 기업과 같은 기관이었다. 병원에는 의료시설과 함께 모스크, 마드라사(신학교)가 부설되었으며 남성과 여성 환자를 수용하는 각각의 병동이 있었고 외과계 질병, 정신 질병, 전염병뿐만 아니라 내과계 질병, 안질환, 정형외과 환자들을 위한 개별 병동이 있었다. 이동 진료소와 약국들은 광범위한 지역에서 전문적인 치료를 받을 수 있도록 해 주었으며, 이동 중인 군대를 위한 야전병원도 운영되었다.

9세기에는 의사의 윤리를 다루는 알루하위의 『의사의 윤리 규약 (아답 알따빕)』이 출간되었는데, 의사에게 겸손과 덕과 친절과 자비심이 있어야 하며 돈을 너무 탐하지 말고 욕을 하지 말며 술과 마약에 빠지지 말 것을 요구하였다. 위대한 무슬림 의사들로는 '라제스'로 알려진 알라지, '아비세나'로 알려진 이븐 시나, 그 외에도 이븐 알카팁, 이븐 루슈드, 이븐 알나피스 후나인 이븐 이스학, '아불카시스'로 알려진 아불까심 알자흐라위, '아벤조아르'로 알려진 이븐 주흐르 등이 있다.

의학 연구와 치료 분야에서 나타난 이슬람의 업적으로는 조제술의 두드러진 발전을 들 수 있다. 무슬림들은 예전부터 알려진 내복약에 아니스 열매, 계피, 정향나무, 장뇌, 몰약, 유화, 수은 등 많은 품목을 추가했다. 무슬림들은 최초로 시럽과 감미 재료의 제조법을 발전시키고 완성했으며, 최초의 약국도 개설했다.

7. 광학

이슬람 역사상 가장 독창적이고 중요한 과학적 발견이 이루어진 분야는 광학 분야일 것이다. 무슬림 과학자들은 기원전 3세기의 수학자 유클리드의 저서와 그로부터 400년 후에 출간된 이집트 천문학자 프톨레마이오스가 쓴 논문들을 포함하여 빛과 시력에 관한 그리스의 풍부한 지식을 접했다. 이들 이슬람 이전의 책들은 반사, 굴절, 구멍을 통한 이미지 투사, 무지개부터 눈의 해부학과 작용에 이르기까지 백과사전적으로 다양한 범위의 주제를 다루었다.

9세기에 알킨디는 유클리드의 『광학』에 있는 광학적 이론들을 연구하면서 유럽 르네상스 시대에 투시도법칙으로 발전한 시각 인식의 법칙뿐만 아니라 빛의 반사에 대한 새로운 견해를 제시했다. 알킨디는 직접 눈으로 보고 받아들인다는 아리스토텔레스의 시각 이론을 부정하고, 시각이란 단단한 원추형의 방사형 형태로 눈에서 대상까지 도달하는 빛의 힘에 의해서 생성되는 것으로 인식했다. 이후 철학자인 라지와 이븐 시나 역시 광학에 관심을 가졌으며, 서구에 '알하젠'으로 알려진 10세기 이븐 알하이삼에 의해 큰 발전을 이루었다. 그는 『광학의 책』을 통해 물, 공기, 거울에 의해 빛이 굴절되거나 꺾이는 방식을 포함하여 빛과 인간의 시각에 관한 모든 측면을 연구했다. 또한 그는 실제로 지평선 아래에 있는데도 여전히 태양을 볼 수 있는 것을 대기에 의한 굴절 현상으로 설명했다. 이븐 알하이삼의 연구는 이후 다빈치, 케플러, 로저 베이컨을 포함한 유럽의 과학자들에게 큰 영향을 끼쳤다.

8. 카펫

'동양 카펫'이란 용어는 전통적으로 동양인의 손으로 짠 카펫을 지칭하기 위해 사용되었다. 동양 카펫은 전 세계적으로 하나의 예술 작품으로 가치를 인정받았다. 그 풍부한 디자인과 색감 등으로 동양 카펫은 카펫의 귀족으로 불리게 되었다. 동양 카펫의 제작 과정은 전형적으로 베틀 위에서 날실을 잡아당기고 이 실들로 양털을 매듭 짓는 과정으로 구성된다. 매듭 열이 완성되면 날실이 삽입된다. 전체 카펫을 매듭짓고 나면 삐져나온 양털을 베어낸다. 디자인의 정확성은 카펫이 얼마나 단단히 매듭지어지고 양털이 얼마나 짧게 잘려지느냐에 달려 있다. 카펫의 밀도나 평방 인치당 매듭의 수가 카펫의 질과 내구력의 유용한 척도가 된다. 매듭이 많을수록 더 좋다.

역사적으로 대규모 카펫 생산 지역은 터키, 페르시아, 코카서스지역과 투르키스탄을 포함한다. 아프가니스탄, 파키스탄, 네팔, 인도와 중국 또한 생산 지역에 포함된다. 또한 아랍의 영향을 받은 스페인도 우수한 수공 매듭 카펫을 생산해 왔다.

1) 디자인

아무리 잘 제작되고 색깔이 화려하다 할지라도 디자인의 다양성이 없다면 동양 카펫은 그 매력을 잃었을 것이다. 카펫 생산 지역들

베 짜는 무슬림 여인과 기도 카펫에서 예배를 보는 무슬림

은 세대가 거듭될수록 자신들의 고유한 패턴과 디자인을 발달시키고 철저히 보호하였다. 디자인을 연구함으로써 카펫의 제작 시기와 장소를 알아낼 수 있다. 카펫 제작 지역들을 각각 꽃무늬 디자인을 주로 하는 지역, 기하학적 모양과 패턴들을 주로하는 지역으로 어느 정도는 구분할 수 있다. 페르시아와 인도에서는 꽃무늬 패턴을 많이 사용했다. 반면에 코카서스와 투르키스탄 지역에서는 기하학적 디자인을 거의 항상 사용하였다. 이 지역에서는 꽃무늬 패턴은 거의 사용되지 않았고, 디자인이 양식화되고 직선을 사용하는 경향이 있다. 터키에서는 기하학적 디자인이 좀더 일반적이었지만, 꽃무늬와 기하학적 디자인이 모두 사용되었다. 중국의 카펫은 용, 괴물이나 전설상의 새들을 포함하는 패턴에 의해 쉽게 식별된다.

대부분의 생물은 상징적인 의미가 있다. 중국에서 용은 황제의 힘을 나타내고, 또한 유교와 관련 깊다. 한편 페르시아에서 용은 악을 상징하며, 인도에서는 죽음을 상징한다. 동양 카펫의 싸우는 동물들의 장면은 전형적으로 선과 악 간의 투쟁을 의미한다. 식물, 꽃, 심지어는 기하학적 문양들 또한 특별한 의미가 있다. 사이프러스 나무는 영원불멸을 상징할 뿐만 아니라 비탄과 애도를 상징하기도 한다. 대추야자와 코코넛은 축복과 충만의 은유들이다. 작약은 부를 상징하며, 로터스는 위대한 혈통을 의미한다. 남미, 이집트, 인도, 그 외 다른 장소에서 발견된 보편적인 상징은 가장자리 디자인으로 인기 있는 기하학적 만(卍) 자이다. 중국에서 만 자는 평화를 상징한다. 예언자 무함마드는 믿음을 의미하는 초승달로 자주 상징되었다.

또 다른 보편적인 상징인 끝이 없는 매듭은 지혜와 영원한 생명을 나타낸다. 무함마드가 인간과 동물의 예술적인 초상에 대해 부정적이었기 때문에 기하학적 패턴이 이슬람세계 디자인의 주종을 이룬다. 페르시아는 이슬람 신앙을 포용하였지만, 카펫 제작자들은 꿈결같은 배경으로 살아 있는 동물과 인간의 형상을 계속 사용하여 카펫을 장식했다. 한편 초기 터키 카펫에서는 동물이나 인간의 형상을 거의 발견할 수가 없다. 터키 기도 카펫들은 화려하며 세밀한 장식이 특징이다. 모든 기도 카펫들에서 공통적으로 발견되는 것은 메카를 가리키는 아치형의 미흐랍이다.

2) 역사

일찍이 그리스와 아랍 작가들이 카펫에 대해 언급했지만 처음 동양 카펫이 제작된 때는 밝혀지지 않았다. 1949년에 러시아의 고고학 원정대가 시베리아 남부의 알타이산맥 지역에서 '파지릭 카펫'이라고 알려진, 얼어붙어 기적적으로 잘 보존된 카펫을 포함한 왕실 고분을 발굴했다. 그 카펫은 고분에 매장된 말의 안장 덮개로 사용되었다. 아름답게 디자인된 카펫들은 기원전 4세기나 5세기의 것들로 추정되는 가장 최초로 알려진 수공 카펫이다.

하나의 가설은 카펫을 매듭짓는 기법이 중앙 아시아의 유목 부족들에 의해 시작되었다는 것이다. 이 부족들은 식물과 동물 형태에 영감을 받은 기하학적 문양으로 장식한 전형적인 작은 카펫들을 생산했다. 부족민들에게 카펫은 바닥 깔개, 벽걸이, 커튼, 말 안장 가방으로서의 기능을 하는 실용적인 장식이었다. 유목민 카펫 제조업자들은 그들의 베틀이 강제로 철거당하거나 그들의 안전이 자연 재해나 적들에 의해 위협 받을 때마다 이동해야 했기 때문에 그들의 생산물은 베 짜기, 가장자리, 디자인에서 불규칙한 요소들을 포함하고 있다.

유목민들은 새로운 땅의 원주민들에게 카펫 제조 기술을 전파하였던 것으로 여겨진다. 그런가 하면 거대한 카펫 제조 센터들이 페르시아와 터키에서 발달했다. 페르시아의 왕인 코스로스 1세의 통치 시기인 531년부터 579년까지의 페르시아 문헌들이 코스로스의 봄 카펫에 대하여 기술하였다. 이 카펫은 양모, 명주실, 금과 은으로 제작되었다. 그 중간에는 값비싼 보석이 박혀 있다.

16세기부터 18세기 전반기까지의 시기는 페르시아 카펫의 황금기로 알려져 있다. 이 시기에 제작된 수많은 카펫들이 전해지는데, 조화로운 색깔과 독창적인 디자인으로 유명하다. 아마도 카펫 제조는 페르시아보다 먼저 터키에서 시작된 것 같다. 이탈리아 여행가 마르코 폴로가 1271년 아나톨리아라고 알려진 터키 지역을 방문한 후에 그 지역의 카펫을, 기하학적 디자인과 동물 형상들을 가지고 있는 세상에서 가장 아름다운 것으로 묘사했다. 터키 카펫은 유명한 화가들의 그림에서 자주 나타난다. 동양 카펫은 주로 이탈리아 상인들을 통해서 유럽에 알려져 그 가치를 인정받았다. 베니스는 동양의 주요 무역 시장이었다. 베니스 사람들은 동양 카펫을 그들의 집 앞 좁은 골목길에 깔거나 창문에 내걸었으며, 곤돌라를 장식하기 위해 사용하기도 했다. 16세기 초 무렵 유럽의 궁중에는 이미 동양 카펫이 깔려 있었다. 영국의 대법관 카르디나 울시가 햄턴에 있는 그의 관저를 꾸미기 위해 베니스 상인으로부터 터키 카펫 60장을 구입했다는 기록도 있다.

동양 카펫에 대한 서양의 관심은 17세기와 18세기 동안에는 그리 크지 않았다. 그러나 1891년 비엔나에서 열린 대규모 전시회 이후에 유럽인들은 동양 카펫에 새로운 관심을 갖게 되었으며, 미국인들도 뒤이어 관심을 갖게 되었다. 서양 수입업자들은 카펫 제조업자들에게 유럽인들과 미국인들의 기호를 충족시키기 위해 크기 수정을 요청했고, 가끔씩은 색깔과 디자인을 수정해 줄 것을 요청하기도 했다. 20세기에도 동양 카펫에 대한 관심은 계속 증가하고 있다.

3) 염색

동양 카펫의 조화롭고 찬란한 색깔은 그 주요한 매력 중의 하나이다. 장엄한 장식 효과를 내는 것은 풍부한 색깔 때문이다.

20세기 이전까지는 식물과 동물로부터 뽑아낸 전통적인 염료가 사용되었다. 가장 중요한 색소제들 중의 하나는 페르시아에서 야생으로 자라는 흔한 식물인 꼭두서니(마더)로부터 얻는다. 꼭두서니의 뿌리로부터 빨강과 핑크를 뽑아내고, 우유와 발효된 포도 주스의 혼합물과 결합하면 보라색을 낸다. 밝고 빨간 코니칠(연두벌레)은 오크나무 껍질에서 사는 연지벌레처럼 빨간색을 낸다. 야생 사프란은 연한 노랑을 내고, 재배된 사프란은 순수 노랑을 낸다. 더 밝은 노랑은 심황 뿌리에서 나온다. 뽕나무 숲의 진균류(버섯)는 녹색-노랑을 제공한다. 중국과 인도의 인디고 식물들을 담궈 발효시키면 남색이 나온다. 검은 물감은 금속 산화물로부터 나오는데, 이것은 유일한 광물 염료이다. 식초를 뿌려 담근 금속으로부터 얻어진 산성 물질은

염색공장(튀니지 파스)

양모를 부식시키기도 한다. 갈색 염료들은 주황색을 노란색과 혼합함으로써 혹은 녹색의 호두, 오배자와 발러니아의 껍질로부터 만들 수 있다.

동양 카펫에서 가장 성공적으로, 가장 널리 사용된 색깔은 빨강, 노랑, 남색이다. 빨강은 모든 색깔들 중 가장 인기 있는 색이며 특히 터키와 투르키스탄에서 그러하다. 노랑과 진한 녹색은 페르시아 카펫에서 광범위하게 사용된다. 남색은 코카서스에서, 특히 아르메니아 카펫에서 자주 볼 수 있다.

인조 염료들이 동양의 해안 지역에 들어왔고 그 후 유목민들에게도 전해졌다. 특히 빨강의 농도에 있어서 천연염료보다 인조 아닐린 염료를 사용하는 것이 경제적이어서 널리 애용되었다. 아닐린 염료는 카펫 제조업자들이 생산을 신속하게 할 수 있도록 해서 증가하는 수요를 충족시킬 수 있게 하였다. 그러나 미학적으로 볼 때 화학 염료는 문제점이 많았다. 천연 염료는 세월과 더불어 원숙해지지만 인조 염료는 색이 바랜다. 어떤 경우엔 인조 염료의 색깔이 완전히 변하기도 한다. 천연염료를 사용한 카펫은 세월과 더불어 더욱 아름다워지지만 인조 염료를 사용한 카펫은 세월이 갈수록 급속도로 낡게 된다.

화학 염료의 남용을 막기 위해 페르시아 국왕 나씨르 알딘은 모든 아닐린 염료를 없애고 더불어 인조 염료로 만들어진 카펫들을 몰수하라고 명령했다. 그러나 밀수가 성행하여 이 대책을 무력화시켰다. 결국 인조 염료를 사용한 카펫에는 수출관세를 부과하도록 법이 개정되었다.

1920년 이래 천연염료는 사실상 동양 카펫 제조 현장에서 사라졌다. 인조 염료의 사용은 아직도 논쟁거리로 남아 있다. 어떤 사람들은 아닐린 염료가 완벽하며 카펫 질을 보증해 준다고 한다. 또 다른 사람들은 아닐린 염료가 시간이 흐르면서 카펫 조직을 말려 부서지기 쉽게 만들며 현대 동양 카펫의 가치를 심각하게 손상시킨다고도 한다.

4) 재료

동양 카펫에 가장 많이 사용되는 재료는 광택이 나고 유연한 양모
이다. 또 다른 보통의 소재들은 염소 털, 낙타 털, 면화와 명주이다.

양모는 유목민 양치기들이 돌보는 광활하고 개발되지 않은 지역
의 들에서 풀을 뜯는 수많은 양떼로부터 얻어진다. 최상급의 양모는
터키와 국경을 접하고 있는 페르시아의 서부 지역인 쿠르디스탄 지
역에서 나온다. 쿠라산과 키르만의 양모도 또한 가늘고 부드러운 촉
감으로 유명하며, 코카서스와 중앙아시아의 양모는 강하고 광택이
나는 것으로 유명하다.

유목민들은 보통 봄이 끝나갈 때쯤 털을 깎는다. 먼저, 동물들을
강이나 우물가에서 씻겨 털을 깎은 후 깎은 양모를 다시 씻는다. 그
다음 발로 밟아 야외에서 말린다. 양모로부터 전통적인 방식으로 실
을 자아낸 다음 방적기로 실을 꼬아 막대에 감는다. 날실과 씨실의
재료는 지역마다 다양하다. 면화는 페르시아에서 광범위하게 사용
된다. 터키에서, 특히 기계 생산에서 날실과 씨실은 면화가 사용된
다. 날실과 씨실에 사용하는 면화가 코카서스에서는 점차 양모로 대
체되고 있다. 염소 털의 날실은 아프가니스탄, 발루치스탄(파키스탄
서부의 주), 부카라 카펫에서 자주 발견된다. 왜냐하면 낙타 털이 내
구성이 없어서 투르키스탄의 유목민들에게 인기가 없기 때문이다.
가끔씩 명주를 날실과 씨실로 사용하여 카펫을 값비싼 것으로 보이

게 한다. 명주가 값이 비싸고 옷감으로 잘 사용하지 않기 때문에 전형적으로 성소, 기도 카펫, 특권 계급을 위한 카펫용으로 그 사용이 제한되었다. 양모는 동양 카펫의 재료로 계속 사용되고 있다. 보통 양모는 두 개의 실을 꼬아서 만든 두 가닥이다. 이러한 재료들 덕분에 동양 카펫은 놀라운 광채를 발한다.

5) 종류

보통 동양 카펫은 손으로 짠 카펫을 지칭한다. 이 명칭은 모두 아시아에 공통적인 기원을 둔다. 방대한 생산 지역, 다양한 기법, 스타일과 재료의 차이로 세밀하게 분류할 수 있지만 대체로 동양 카펫은 네 개 그룹으로 분류한다. ① 코카서스산 ② 중앙아시아산 혹은 투르키스탄산 ③ 페르시아산 ④ 터키산 혹은 아나톨리아산.

20세기 후반기에 손으로 짠 카펫이 유럽, 북아프리카, 미국에서 급속히 생산되기 시작했다. 비록 그것을 동양 카펫으로 분류할 수는 없지만, 동양 카펫과 같은 방법으로 짤 뿐 아니라 그 품질이 주목할 만한 수준에 이르렀다.

9. 서체

대부분의 종교들이 그들의 핵심 신념을 전달하기 위해 인간, 동물의 형상 이미지를 사용해 왔지만, 이슬람 초기의 신정일치 국가에서는 글자의 모양과 크기를 매개체로 선택했다. 서체는 담장 표면, 이슬람 사원(모스크, 마스지드)의 가구, 이슬람 사원의 내부와 외부, 무덤, 이슬람의 가장 유명한 성소인 카으바신전 등 매일 사용하는 모든 종류의 물건들에 사용되었다. 서체가 가장 뛰어나게 사용된 것은 물론 특별한 힘과 탁월한 중요성을 부여했던, 신의 메시지인 코란에서이다. 알라는 이 세상의 각양각색의 언어들 중에서 아랍어를 최종 계시를 위한 언어로 선택했다.

아랍어는 자음들로만 이루어진 셈어 알파벳 글자들로서 아랍어-나바뜨어 알파벳으로부터 파생되었다. 아랍어 알파벳은 28개의 자음으로만 구성된다. 모음은 장모음, 이중모음, 단모음이 있으며 장모음은 자음으로, 단모음은 글자들 위나 아래의 작은 부호로 표시된다. 아랍어 글자들은 17개의 독특한 형태들로부터 파생되며, 각각은 글자의 위나 아래에 놓이는 하나 또는 둘 이상의 점들에 의해 구별된다. 점과 사선 없이 쓰인 아랍어 글자들은 평범하고 초라해 보인다. 그러나 점들과 사선들이 더해지면 글자들은 봄 정원처럼 생명을 얻는다. 아랍어 글자는 형태에 많은 변화가 있다. 단어들과 글자들은 빽빽한 마디로 꽉 채워지기도 하고 혹은 매우 길게 늘여지기도 한다. 모가 날 수도 있고 또는 곡선이 될 수도 있다. 가능성의 범위는 거의 무한대이다. 명각들이 거의 모든 이슬람 작품의 장식에 그리고 거의 모든 물건들에서 발견된다.

　아랍어 서체 수준은 매우 높아 나스크체나 술루스체와 같이 물 흐르는 듯한 초서체 스타일부터 쿠파체처럼 모가 나는 스타일까지 그 양식이 다양하다. 전통 이슬람 건물의 담장, 창문, 미나레트 등에서는 많은 서법 스타일이 나타난다. 명각의 대부분은 코란뿐만 아니라 하디스에서 온 것이며, 건물의 종교적인 목적과 조화를 이룬다. 명각은 그 기능을 명확히 함으로써 건물에 의미를 부여할 수 있다.

1) 서체의 균형 단위, 알리프

　기하학 원리는 이슬람 서법에서 중요한 역할을 한다. 텍스트를 읽기 쉽게 하고 선을 아름답게 만들기 위해서는 균형의 법칙들이 필요하다. 이러한 균형의 법칙들은 '알리프(ㅣ)'의 크기를 기초로 한다.

　아랍어 알파벳의 첫 번째 글자인 알리프는 본질적으로 곧은, 수직의 획이다. 우선 알리프 이전에, 서법의 측정 단위인 아랍어의 점을 생각해 보아야 한다. 점은 서예가의 작업 단위로 언급되기도 한다. 점은 종이에 서예가의 펜 끝을 눌러서 만드는 정사각형의 자국이다. 정사각형 점의 사방 크기는 펜이 잘려진 방식과 손가락의 압력에 달려 있다. 압력은 펜촉의 양측을 분리할 수 있을 정도로 섬세하고 정확해야 한다. 펜을 자르는 방법은 서예가의 사용법, 그의 출생지의 전통, 전사할 텍스트의 종류에 따라 신중히 결정된다. 서예가와 서체의 스타일에 따라 알리프의 높이는 3개의 점 크기로부터 12개의 점 크기까지 다양하게 선택된다. 알리프의 넓이는 점 하나와 동일하다. 중요한 것은 각 텍스트를 위한 높이를 확립하는 것이다. 만일 서예가가 알리프를 모듈로 하였다면 그는 텍스트 전체를 동일한 식으로 써야 한다. 이것이 일반적인 기하학 원리였지만 실제로는 변형들이 생겨났다. 이러한 변형들의 배열은 매우 흥미롭다.

알리프는 모든 아랍어 글자들이 쓰일 수 있는 가공의 원의 직경으로도 사용되었다. 그러므로 서예가에 의해 선택되었던 세 가지 요소들이 균형의 기초가 되었다. 이 요소들은 알리프의 높이, 알리프의 넓이, 가공의 원이다. 서법의 기본적인 요소인 하나의 문자는 머리, 몸체, 꼬리를 가지고 있다. 또한 서체의 문자들은 위치, 방향, 간격과 밀접한 관계가 있다. 곡선과 직선의 교차는 단어들, 모음들과 점들을 명확히 표현한다.

2) 6가지 서체

서법에서 '알아끌람 알싯타' 라고 알려진 주요한 여섯 가지 서체들은 초서체로서 디완체, 페르시아체, 쿠파체, 나스크체, 리까으체, 술루스체가 그것이다. 이 서체들은 이븐 무끌라(886-939)에 의해 주요 서체로 확립되었다. 이 서체들은 이븐 알바우왑, 야꾸트 알무스타으시미, 쉐이크 함둘라 알아마시, 하피즈 우스만 등과 같은 대가들이 계속 등장함으로써 우아함과 아름다움을 얻게 되었다.

(1) 디완체

디완체는 15세기 말경 이브라힘 무니프에 의해 터키와 페르시아의 서체들로부터 발전되었다. 후에 디완체는 유명한 서예가 쉐이크 함둘라에 의해 주로 관청에서 사용하기 위해 규정되었다. 이 서체는 지나칠 정도의 초서체이며 거의 점이 없는 글자들로 구성되어 있고 관습을 좇지 않고 자유롭게 결합되어 있다. 이것은 어떠한 모음 표시도 사용하지 않는다.

(2) 페르시아체

페르시아체는 처음부터 페르시아인들에 의해 발전되어 왔으며, 19세기 초까지 사용되었던 겸손한 초서체이다. 압둘하이는 이 서체의 초기 발달에 커다란 역할을 했던 것으로 보인다. 그는 후원자 이스마일이 페르시아체의 쓰기를 위한 기본 규칙들을 갖추도록 장려하였다. 이 서체는 아랍인들에게 널리 알려졌으며 페르시아인들, 인도인들과 터키 무슬림들 사이에 뿌리를 내린 서법 스타일이다. 서예가들은 페르시아체를 중요한 행사들을 위한 기념비적인 서체로 계속 사용했다.

(3) 쿠파체

쿠파체는 이슬람 초기 성직자들의 서체였다. 쿠파체는 이슬람 시작 20년 후 바쓰라와 쿠파의 두 무슬림 도시들이 건설된 후에 창조되었다. 이 서체는 뚜렷하게 균형 잡혀 있으며 모가 나고 직각이 두드러지게 나타난다. 쿠파체는 이슬람 초기 2세기(서력 8세기) 동안 완전해졌으며 모든 이슬람 서법에 큰 영향을 미쳤다. 얕은 정점과는 반대로 쿠파체의 수평선은 확장된다. 이 서체는 높이에 비해 폭이 상당히 넓다. 이것은 서체에 역동적인 추진력을 준다. 쿠파체는 종종 직사각형(또는 타원형) 표면에 사용하기 위해 선택된다. 그러나 훌륭한 기하학적 문체와 더불어 쿠파체는 네모난 비단에서부터 사마르칸드의 티무르에 의해 남겨진 건축물에 이르기까지 어떠한 공간과 물체에도 사용될 수 있다. 쿠파체의 기본적인 특징은 엄격한 규칙에 얽매이지 않는다는 것이다.

(4) 나스크체

나스크체는 초기에 발전한 서체들 중의 하나이다. 이 서체는 10세기 이븐 무끌라에 의해 재디자인된 이후에 비로소 인기를 얻었다. 후에 나스크체는 이븐 알바우왑과 다른 사람들에 의해 코란의 우아한 서체로 개량되었다. 많은 코란들이 나스크체로 쓰이게 되었다. 나스크체는 특히 보통 사람들에게 애용되었다. 왜냐하면 이 서체가 상대적으로 읽고 쓰기가 쉬웠기 때문이다. 곡선은 크고 깊으며 수직선은 곧고 단어들은 대개 넉넉한 간격을 유지한다.

(5) 리까으체

리까으체(또는 루끄아체)는 둥글고 짧은 수평선 줄기들이 밀접하게 구성되어 있다. 리까으체는 술루스체와 매우 비슷하지만, 술루스체와 달리 간소화되었다. 오늘날 리까으체는 전 아랍세계를 통틀어 가장 선호되는 필기용 서체이다.

(6) 술루스체

술루스체는 7세기 우마이야 시대에 처음 나타났지만 9세기가 되어서야 완전한 모양으로 발전했다. 이 서체의 이름은 1/3을 의미한다. 이것이 곡선에 대한 직선의 비율이기 때문이며, 또 이 서체가 동시대의 다른 유명한 서체들 크기의 1/3이기 때문이었다. 비록 성 코란을 쓰기 위해서는 거의 쓰이지 않았지만 술루스체는 서법의 명각, 타이틀, 표제와 책 끝의 장식을 위한 장식체로 인기를 얻었다. 이 서체는 여전히 모든 장식체들 중 가장 중요한 서체이다.

15장

아랍인의 기질

- 사막의 성질을 닮다

아랍인의 기질을 한마디로 정의하기는 어렵다. 한없이 친절하다가도 불같이 화를 내기도 하고, 감정적인 듯하다가도 이성적이기도 하다. 덩치가 크고 수염을 기른 아랍인을 만나면 주눅이 들기도 하지만, 의외로 겁이 많다고 느낄 때가 많다. 세상의 온갖 테러를 다 일으키는 듯 보이지만 순한 사람들 또한 많다.

1991년에 『아랍, 아랍인』(사니아 하마디, 손영호 역)이란 제목의 책이 출판되었다. 한 민족의 기질을 한마디로 정의하기는 어렵지만, 이 책에서 다루는 몇 가지 사례들은 오랜 기간 아랍인을 관찰해 온 필자도 공감할 수 있는 것이었다. 주요 부분을 발췌하여 소개한다.

1. 아랍인은 과장되고 거만하다

아랍인은 의기양양해 하는 특징이 있으며, 자기가 실제로 할 수 있는 것 이상의 약속을 하기도 한다. 또한 거리낌없이 자기 자랑을 늘어놓는다. 가끔 아랍인에게선 오만불손한 태도도 보인다.

2. 아랍인은 자존심을 먹고산다

아랍인은 자존심이 강한 사람들이다. 자기 스스로를 높이고 남으로부터 존경받는 것을 대단히 중시한다. 아랍인은 쉽사리 다른 사람의 도움을 구하지 않는다. 그래서 "도움을 청  하는 것보다 굶어 죽는 편이 낫다. 왼손이 오른손의 도움을 필요로 하지 않도록 하라."와 같은 경구가 강조된다. 아랍인은 동정을 받으면 경멸당한 것처럼 생각한다. 아마도 아랍인만큼 종교와 습관, 전통, 생활방식에 자부심을 갖고 그 공적과 우월성을 믿고 있는 사람들도 없을 것이다. 아랍인은 자신들의 전통과 습관을 존중해 주는 사람에게 감사하고, 자신들의 생활을 이해해 주는 사람들과 쉽게 어울리며, 상대의 체면을 세워 주려고 노력한다. 그들의 자부심을 지켜 주면 우정을 살 수 있는 길이 열린다. 그래서 이렇게 단언한다. "수치와 더불어 사는 것보다는 명예와 더불어 죽는 편이 낫다. 자부심을 갖지 않은 머리는 잘라 내야 한다."

외모에 유의하는 것도 아랍인의 주요한 관심사이다. 아랍인은 가끔 자신의 약점이나 불행, 빈곤 등을 의식적으로 숨기려고 한다. 자존심이야말로 그들의 생존 이유인 것처럼 보인다.

3. 아랍인은 아첨과 아부를 잘한다

아랍인은 공적으로는 선량함과 예의 바름을 늘 유지하려고 조심한다. 이러한 아랍인의 깍듯한 예의범절은 세 가지 측면에서 기만성이 있는데, 지킬 수 있는 것 이상을 약속하며, 침착성부터 성급함까지 급격한 변화를 보이고, 아첨과 아부를 잘 구사한다는 것이다. 특히 아랍인은 맵시 좋고 사교적이며, 자기 목적을 달성하기 위해 기분을 돋구기도 잘 한다.

아랍인들에게 아첨은 일종의 삶의 기술로 용인된다. "개 같은 상대에게도 표변하여 '안녕하세요, 선생님'이라고 하며 깍듯하게 인사하라. 덤벼들어서는 안 될 상대에게는 손에 키스를 하고, 그 손이 부러지라고 기도하라. 손에 키스를 하는 것은 상대의 옆구리를 찌르는 것과 같다." 아랍인은 자기 윗사람에게 머리를 숙이고 아첨으로 그 사람을 애무한다. 뒤에서 상대에게 욕을 퍼붓고 비판하고 공격하지만 배반하지는 않는다.

4. 아랍인은 변신에 능하다

아랍인들은 놀라울 정도의 동화력과 변신, 변절의 능력이 있다. 아랍인은 지금까지 대단한 동화력을 보여 왔다. 그들은 많은 다른 민족, 다양한 문화와 접촉하여 왔으며, 그 과정에서 많은 문화적인 요소를 흡수하고 자신들의 생활방식 속에 잘 반영시켜 왔다.

아랍인은 아시아적인 것에 대해서는 동양인으로, 서양에서 온 사람에게는 서양인으로, 예스러운 사회에 사는 사람들에게는 전통을 존중하는 사람으로, 새로운 세대에게는 현대인으로 대처한다. 그들은 필요에 따라 어느 때이고 친구를 만들 준비가 되어 있고 실제로 그렇게 만드는 데 능숙하다. 그들은 항상 비즈니스의 수행, 계획의 실행, 호의를 획득하기 위해 필요한 장소를 발견하여 친숙한 분위기를 조성할 수도 있다. "아랍인은 칠면조와 같이 이념을 바꿀 수 있고… 아랍인은 물처럼 유동적이다."

5. 아랍인은 '노(NO)'라고 말하지 않는다

아랍인은 어떤 요구를 정면에서 거절하기를 피한다. 그들은 명확하게 정식으로 거절하는 것은 옳지 않다고 생각한다. 거지의 구걸을 거절할 때조차도 '신께서 주시도록'이라고 말한다. 아랍인은 거절하고자 할 때 여러 가지 회피 수단에 의존하는데, 그중에는 거짓말도 포함되어 있다. 이는 누구를 얕잡아 보거나 악의 때문이 아니라 '노'라고 말하는 대신 행하는 보편적인 방법이다. 아랍인은 상대가 주는 것을 받을 때 몇 번이고 사양하는 일이 많다. 그런데 아랍인의 '노'를 액면 그대로 받아들여서는 안 된다.

6. 아랍인은 접대에 온갖 정성을 기울인다

아랍의 가정은 손님을 친절하게 대접할 준비가 항상 되어 있다. 집에는 손님을 위해 침실이 하나쯤 비어 있다. 가난한 사람들도 전력을 다해 손님을 대접하는 전통을 지키려고 애쓰며, 자신이 가지고 있는 모든 것을 손님에게 바치고 때로는 자기의 침대, 자신의 밥까지도 손님에게 내어준다. 손님이 오면 아내는 음식을 만들고 주인은 그의 말상대가 된다. 가난하기 그지없는 아랍인일지라도 방문객의 밥상을 차리기 위해선 마지막 남은 가축 한 마리까지 잡을 것이 틀림없다.

7. 아랍인에게는 사생활이 없다

아랍인은 자신과 관련
이 있는 사람들의 개인 생
활을 마땅히 알 권리가 있
다고 생각한다. 형식적이
고 알맹이가 없는 것, 서먹
서먹한 응답은 상대를 불
쾌하게 만들고 화나게 한
다. 아랍인은 사적인 차원의 교제를 원하고, 개인적인 대답으로 반
응한다. 개인의 사생활은 가정에서도 지켜지지 않으며 그 한계를 정
하기도 어렵다.

사람들은 서로의 집을 찾아다니며 회식, 바느질, 다리미질, 빨래
등을 함께 하는데, 때로는 묵고 가는 수도 있다. 그들은 미리 예고하
지 않고 자기들이 내키는 시간에 멋대로 찾아와서 오래도록 머물기
도 한다. 더구나 방문자는 상대방의 집 안을 자유로이 돌아다니며,
침실이나 부엌 같은 사적 공간에도 자유로이 드나든다. 설사 이쪽이
아파서 누워 있는 상황이라 하더라도 방문객을 거절하기는 어려우

며, 손님을 그대로 놓아둘 수도 없다. 이쪽이 조금이라도 개인의 권리를 지키려는 눈치가 보이면 손님은 크게 화를 낼지도 모른다.

8. 아랍인은 사회 여론을 두려워한다

아랍 사회의 사회적 압력은 실로 대단하다. 개인의 행동을 판단하고 칭찬과 비난을 가하는 주된 힘은 그 사회의 여론이다. 여론은 개인의 행동을 직접적이고 궁극적으로 조정하는 압력이 되고, 개인에게 자기 행동을 결정하기 위한 선택의 여지는 극히 적다. 개인은 끊임없이 사회 내부의 의견에 신경을 쓰게 된다. 아랍인은 사회적으로 자기의 위신이 어떻게 되는가에 계속해서 신경을 쓴다. 선택의 자유가 주어졌다 하더라도 그 판단 기준은 자기의 행동이 필요한 것인가, 필요성에 의한 것인가, 그것이 상책인가, 유리한 것인가보다는 다른 사람들이 어떻게 생각할까에 있다.

아랍 사회는 매정스럽고 엄하고 냉혹하다. 강자를 숭배하고 약자에의 동정은 없다. 개인에게 가혹하다. 사소한 실수로도 큰 질책을 당한다. 잘못을 뉘우치는 것이 인정되면 과실은 용서를 받을 것이나, 나쁜 일을 범한 사람에게는 평생 동안 비난이 따라다닌다.

아랍인들은 무엇이든 숨기려고 든다. 자기 행위를 밝히려고 하지 않는 것은 그 행위에 대해 부정적인 평가가 내려지는 것이 두렵기 때문이다. 그래서 "수치스런 일을 한 자는 그 행위를 숨겨라. 불명예 스러운 일이 하나 알려지면 또 다른 불명예를 낳는다."고 조언한다. 따라서 자신에게 중요한 일은 비밀리에 진행하는 경우가 많다. 혼자만 진행한다면 불리한 가치판단을 받지 않을 수 있기 때문이다.

그런 점에서 "아랍인은 아무도 모르는 곳에서는 무엇을 하여도 무방하다."는 말에 따라 사는 듯하다. 사회에서 벗어나 자기를 알아보는 이가 없는 곳에 사는 아랍인의 행동에는 놀랄 만한 변화와 이완이 일어난다. 이를테면 아랍 사회의 전통이 있는 가정에서는 천한 일에 종사하여 수치를 당하는 것보다 굶어 죽는 편이 낫다고 생각한다. 그러나 이와 같은 생각을 가진 사람들이, 미국 유학 중에는 공장에서 노동을 하거나 탄광에서 광부 노릇을 하거나 식당의 웨이터를 하는 등 평소 천하다고 생각하는 일에 종사하면서도 전혀 개의치 않는다.

16장

아랍인의 속담

- 중동의 현실을 풍자하다

속담은 한 사회의 기층문화를 이해하는 데 대단히 유용한 문화다. 속담은 한 개인의 창작이 아니라 속담을 공유하는 집단의 공동문화 유산이다. 아랍 문화권에서도 유숩 잇자 앗딘은 속담을 "국가와 민족의 상태에 대한 믿을 만한 상(像)"이라고 정의함으로써, 속담이 언어와 문화를 공유하는 사람들의 공감대의 산물임을 강조했다.

속담은 통속적 성격이 있으며, 누가 작정을 하고 만들어 낸 것이 아니라 민초들의 삶 속에서 자연발생적으로 만들어진 것이다. 따라서 아랍 속담은 아랍 사람들의 생활상을 담고 있는 것이기에 아랍 민초들의 정신적 · 정서적 공동 자산이며 아랍인의 삶과 의식상태를 들여다볼 수 있는 유용한 통로가 된다.

아랍 속담은 이슬람 이전 시대인 자힐리야 시대 아랍인들, 그리고 그 이후 다양한 문화지대를 거쳐온 역대 아랍인들의 정신적 유산이다. 아랍인의 오랜 역사와 삶 속에서 의사소통의 중요한 수단으로 사용되어 온 아랍 속담은 아랍인들의 역사, 종교, 풍속, 사고방식, 제도 등을 이해하는 데 필수적인 인문학 자료이며, 문화 메커니즘 연구의 기본적인 소재라고 할 수 있다.

1. 이집트 속담

그리스의 역사가 헤로도토스가 '나일강은 이집트의 선물'이라고 했듯이 이집트인의 삶은 나일강과 밀접한 연관을 맺고 있다. 따라서 나일강과 관련된 속담도 많고, 7천 년 역사의 소용돌이 속에서 이집트인의 의식의 정수로 자리잡은 속담들도 많다. 이집트에는 이슬람이 도래하기 이전 고대부터 고유의 종교가 있었다. 이집트 사람들의 종교적 심성을 표현하는 속담들에는 인간의 양면성이 표출되어 있다. 이집트 사회의 약 90%는 이슬람교도이지만, 약 10%는 기독교인 콥트교도이다. 이 두 종교와 관련된 속담들도 많다.

"네가 그것을 손에 쥐고 있더라도, 신이 명령하면 너는 그것을 잃을 것이다."

이 속담은 전지전능한 신 앞에 인간의 나약함을 일깨우는 경구이다. 어찌 피조물인 인간이 창조주에게 대적하거나 그 명령을 거부할 수 있겠는가! 이슬람도 타종교처럼 우리가 지금 소유한 것은 진정한 내 것이 아니라 신이 잠시 인간에게 신탁해 놓은 것으로 간주한다.

"예배를 드리지 않는 자여! 당신은 이제 고통받아 죽을 시간이다."

이 속담은 이슬람 사회에서 예배가 얼마나 소중한지를 일깨워 준다. 이슬람의 예언자 무함마드는 "하루에 5번 예배를 근행하는 것은 마치 시냇물에 목욕을 하는 것과 같다."고 설파하였다. 이는 종교적으로 해석해 보면 성실한 예배로써 마음의 죄를 벗어 버리고 신에게 한 걸음 더 다가선다는 뜻이다. 그런데 예배를 소홀히 하면 고통을 받아 죽는다고 하니, 무슬림들은 언제 어디서나 예배 시간이 되면 알라께 예배를 드리는 것이다. 산길을 가다가도 혹은 험난한 뱃길에서도 이들이 예배를 근행하는 태도는 경이롭기도 하다.

한편 사람은 누구나 세파에서 상처받고 괴로운 인생길을 살아가지만 우리는 몸이 편안히 쉴 곳을 찾지 못하는 경우가 많다. 특히 마음의 상처를 받으면 더욱 고통스럽다. 결국 신만이 인간의 상처를 치유할 수 있음을 곱씹게 된다.

"신만이 상처 받은 자존심을 치유할 수 있다."

이집트인들은 신만이 인간의 고통과 상처를 근본적으로 치유할 수 있다고 믿는다. 신이 조물주로서 인간을 창조했다고 믿기 때문이다. 신은 전지전능하여 실수나 잘못이 없다. 이집트인들의 신에 대한 경외는, 그들이 한 점의 의심도 없는 완전무결한 신앙 소유자가 아닐까 하는 생각을 하게 한다.

"신은 우리가 머리를 쓸 때만 발견된다."

"그는 많이 먹고 다른 것을 숭배한다."

이집트 속담에는 신앙심의 부족과 관련된 속담들도 있다. 인간은 자신이 편하고 힘들지 않으면 대체로 신을 잊어버리고 산다. 필요하지 않으면 찾지 않는 게 죄 많은 인간들의 본성이다. 필요치 않을 땐 신을 찾지 않는 인간은 얼마나 이기적인가! 알라의 은총으로 잘 먹고 잘 마시고 인생을 즐겨 놓고서 믿는 대상은 알라가 아닌 다른 신이니 얼마나 괘씸한 일인가! 이집트는 과거에 많은 신들을 숭배하였기에 이런 속담이 나온 것으로 보인다.

"당신과 악마 사이에 물과 모래를 두어라."

이집트인들은 인간과 악마 사이는 넘나들 수 있는 것으로 본다. 연약한 인간이 그만큼 유혹에 넘어가기 쉽기 때문이다. 물과 모래는 얼마나 무너지기 쉽고 경계가 없는가.

"악마는 게으른 자의 머리에 거주한다."

이 속담도 인간 신앙심의 나약함을 일깨워준다.

"주님은 죽음으로만 우리를 공평하게 하신다."

종교를 원망하는 속담이다. 이집트인들은 열악한 자연환경 속의 삶에서 만족보다는 불만족이 많았기 때문에 이런 속담들이 만들어

진 것으로 보인다. 이 속담은 살아 있을 때 자신이 아무리 노력하여
도 인간들 간에는 보이지 않는 계급이 존재하기에 결국 죽어서 공평
해질 수 있다며 신을 원망하는 것이다.

"이맘이 방귀를 뀌면 추종자들은 똥을 싼다."
신에 이어 성직자를 힐난하는 속담이다. 세상을 살다 보면 자신의
배경을 등에 업고 횡포를 부리거나 또는 이를 이용하여 자신의 이익
을 챙기는 사람들이 있다. 이런 사람들을 풍자하는 속담이다. 우주
만물을 창조한 신 위에는 아무것도 없다. 유일신 사상은 중동지역의
일반화된 종교관이다. 현실의 삶에 지쳐 쓰러져 눈감은 자들의 주검
위에서 까마귀조차 신을 비꼬기도 한다.

"네가 최선을 다하면 신은 도울 것이다."
"그것을 지혜롭게 하고 신에게 맡겨라."
"신은 그가 사랑하는 자들에게만 천국을 보여주신다."
앞의 경우와 달리 신의 축복으로 삶을 행복하게 누린다는 생각을
표현한 속담도 있다. '하늘은 스스로 돕는 자를 돕는다'라는 서양 속
담이나 '진인사대천명(盡人事待天命)'과 같은 의미이다. 자신은 노력
하지 않고 신에게 의지하고 복을 구하는 것은 어리석은 일이다. 자
신의 역할에 최선을 다한 후에 하늘의 복을 구해야 한다는 것이다.

"신이 축복한 사람과 다투지 마라. 그러면 축복을 받으리라."

또 이집트 사람들은 신의 종복들과 다투지 말라고 가르친다. 성직자나 신앙심이 있는 자들은 신의 메신저로서 이들에게 대항하는 것은 신에게 대항하는 것과 같다고 생각하는 것이다.

2. 모로코 속담

모로코는 북부 아프리카의 서쪽에 위치한 나라로 이집트와 마찬가지로 이슬람교가 국교이다. 모로코의 인구 분포는 아랍인이 약 60%, 베르베르인이 약 36%, 나머지가 유럽인과 흑인들이다. 모로코는 다양한 자연환경을 가진 나라로, 여러 부족들이 다양한 문화를 창출하는 문화의 보고이기도 하다. 모로코 속담 중에는 세계인들의 입에 오르내리는 속담이 많다.

"말이 만든 상처는 칼로 입은 상처보다 깊고 심하다."

모로코 사람들이 육체적 상처보다는 마음의 상처를 더 가슴 아프게 생각한다는 것을 보여준다. 또한 모로코 사람들은 교육의 중요성을 강조한다. 이와 유사하게 모로코 사람들은 육체적인 것보다는 정신적인 면을 중시하여 "남자의 미는 육체적 미보다 지혜에 있고, 여성의 미는 아름다움에 있다." 같은 속담을 남겼다.

야외 카페에서 여유를 즐기는 아랍인들(알제리 오란)

"학교교육을 못 받은 자는 훈련을 받지 못한 사냥개와 같다."

이 속담에서는 무엇보다도 배움의 중요성을 강조한다. 사냥개가 훈련을 받지 않고 사냥을 할 수 없는 것처럼 교육은 인간다운 인간이 되는 기본 요건을 갖추는 일이라는 뜻을 담고 있다.

"기독교도는 이교도이며, 손실 외에는 아무것도 원치 않는다."

모로코 사회에서 기독교인들은 아무런 도움이 되지 않고 오히려 손해만을 끼치는 존재로 각인되어 있다. 기독교인이 어떤 도시에 들어오면 무슬림은 그들을 무자비한 존재로 치부한다. 이 속담은 기독교도가 손실을 끼치는 악의 존재라고 묘사한다.

"기독교도가 도시에 들어가면 거기서 빠져나와 강둑에 살아라."

"기독교도가 도시에 들어가면 무슬림은 오렌지도 팔지 못한다."

이 속담들은 그간 모로코에서 무슬림과 기독교인들 간의 삶이 얼마나 대립적이었는지를 말해준다. 이 속담에서 기독교인들이 무슬림들의 삶의 영역을 송두리째 빼앗아 간다는 생각이 여실히 드러난다. 무슬림들의 눈에 기독교인들이 냉혈적인 동물로 비친 것이다.

"기독교도들에게 똥을 던져라. 그들에게 구걸하지 마라."

이 속담은, 굶어 죽는 한이 있더라도 똥이라도 한 사발 기독교인에게 던져 버리고 차라리 굶어 죽는 편이 훨씬 낫다는 생각을 표현한 것이다. 무슬림들은 이교도가 사탄의 조종을 받는다고 생각하기에 먹을 것이 없어 궁핍하고 힘들지언정 이교들에게 구걸을 해서는 안된다고 믿는다. 그래서 모로코인들은 이교도인 기독교인 집에서 하는 기도는 무용지물이라고 생각한다. 모로코인들이 기독교인들을 극도로 혐오하는 이유는, 기독교인들이 모로코에 들어온 후에 말라리아가 극성을 부리고 수많은 질병이 생겼기 때문이다. 모로코인들은 기독교인들이 말라리아와 여러 질병을 퍼뜨렸다고 믿는다. 더구나 20세기 초까지만 해도 일부 모로코인들은 기독교인들은 뿔이 달려 있다고 믿기도 하였으며, 유대인 여자들은 아이를 일 년에 두 번씩 낳는다고 믿기도 하였다. 사실과 다르게 타종교를 상당히 왜곡한 내용의 속담들도 등장한다.

"유대인이 무슬림을 보고 웃으면 속이려고 허리띠를 졸라매고 있음을 알아라."

이 속담에서는 모로코인들의 유대인에 대한 적개심이 적나라하게 드러난다. 이와 유사한 의미를 가진 속담들이 또 있다.

"유대인에게 권력이 돌아가면 집에 들어가 문을 잠가라."

유대인이 권력을 잡으면 집 밖에서 여러 가지로 시달리고 괴롭힘을 당하니 문을 꼭 닫고 두문불출하는 편이 낫다고 생각하는 것이다. 유대인에 대한 불신은 다음의 속담에서 극치에 이른다.

"유대인이 무슬림이 된다고 할지라도 믿지 마라."

세상에 믿지 못할 존재가 유대인라고 생각하는 것이다.

그러나 이렇게 두 종교에 대하여 부정적인 속담들만 있는 것은 아니다. 긍정적인 면을 강조하는 속담도 있다.

"방에 있는 유대인이 베일 쓴 사람보다 낫다."

이 속담은 모로코인들이 무슬림보다 유대인이 더 낫다고 생각하는 경우도 있음을 보여준다.

"유대인 친구를 사귀어라. 이래저래 그는 도움이 된다."

이 속담도 오랜 역사를 통하여 때로는 무슬림보다 유대인이 더 필요한 존재였음을 알 수 있게 한다.

"기독교도의 침대에서 자되 음식은 먹지 마라. 유대교도 집의 침대에서 자지 말되 음식은 먹어라."

이 속담에서도 운명적으로 기독교인이나 유대인과 부대끼며 살아가야 하는 상황에서, 지혜롭게 행동해야 한다고 생각함을 알 수 있다. 모로코인들이 이웃으로서 무엇인가 도움이 되기에 유대인과 사귀는 것이 때로는 좋을 수도 있다고 생각하는 것이다. 인간의 양면성이 그대로 나타나 있음을 알 수 있다.

3. 레바논 속담

레바논은 모자이크 사회이다. 종교와 문화가 그만큼 다양하다는 뜻이다. 레바논은 지중해 동쪽 레반트 지역에 위치해 있어 교역의 중심지이기도 했지만 그만큼 역사의 소용돌이 속에서 살아왔다. 이 지역에는 기원전 3000년경부터 페니키아를 중심으로 도시국가들이 건설되었고, 바빌로니아, 페르시아와 로마제국 등의 지배를 받아 왔다. 이런 연유로 기독교가 유입되었고, 그 이후 아랍인들에 의하여 이슬람이 유입되어 이슬람화가 가속화되었다. 19세기 이후에는 드루즈파, 기독교인, 마론파, 무슬림들 간에 분쟁이 일어나 많은 사람들이 죽어갔다. 따라서 레바논인들에게 종교는 긍정적이기보다는 부정적인 것으로 인식된다. 자신들이 신봉하는 종교가 있건만 내전은 그칠 줄 모르고 오히려 날로 반목과 질시가 심해지고 있으니 종교의 역할이 긍정적인 것으로 보이지 않는 것이다.

따라서 레바논의 속담은 현실 경험에서 체득한 피지배 계층의 삶의 지혜를 보여준다. 종교를 비난하는 속담은 표현이 적나라하다.

"가장 신성한 땅에 가장 더러운 놈들"
"단식하고 기도하라. 그러면 불행이 너에게 엄습할 것이다."
전자는 종교인의 이중성을 적시하는 것으로 겉과 속이 다른 이중성을 힐난한 것이다. 후자는 이슬람의 6신(알라, 경전, 예언자, 천사, 최후의 심판, 운명)과 5행(신앙고백, 예배, 자카트, 단식, 순례)의 하나인 단식의 관행을 비웃는 것이다. 이것은 종교에 대해 굉장히 부정적인 시각을 보여주는 것이다.

"신은 종교를 비난하는 자를 돕는다."

현실 세계의 종교를 넘어 신을 비꼬는 속담이다. 이 속담은 종파들 간의 분쟁과 아픔이 치유도 되기 전에 또 다른 분쟁이 일어나고 그 상처가 너무 컸기에 신에 대한 불신이 최고조로 달한 것을 드러낸 것으로 볼 수 있다.

"신은 모든 것을 거꾸로 듣는다."
이 속담은 피조물인 인간이 조물주인 신에게 자신이 부탁한 것 대신에 얼토당토않은 것을 준다고 항의한 것이다. 그렇다고 인간이 신을 도외시할 수는 없는 노릇이다.

"신은 이빨 없는 사람들에게 호두를 주셨다."
이 속담은 신이 얼마나 무자비하고 반면에 또 무능력한지를 풍자한다.

"신은 눈먼 재단사에게 부러진 바늘을 주셨다."
인간의 호소가 신에게 먹혀 들어가지 않으니 원망이 쌓일 수밖에 없고 이런 상황을 비꼬는 속담이 나온다.

"성인 로렌스처럼 신이 개 짖는 소리에 응답한다."
이 속담에서는 인간의 호소에 무응답인 신이 개보다 못한 존재로 전락한다.

"신은 좋으나 성인 마론만큼은 아니다."

그러나 이렇게 위대한 성인도 우리가 시시때때로 만나는 역풍을 다 막아 줄 수는 없다. 레바논 속담에는 성인을 비난하는 속담들도 즐비하다. 여기서는 성인 마론조차 비난을 면치 못한다.

"마론이여! 당신은 우리를 곤경에 빠뜨렸다. 우리는 당신과 무엇을 할 것인가?"

인간의 심성은 상황에 따라서 하루에도 수백 번 바뀐다. 변덕이 죽 끓듯 하는 인간은 성인 마론에게 구한 바가 자기가 원하는 대로 성취되지 않으면 그를 원망한다.

레바논인들은 오랜 종파 분쟁에 지칠 대로 지쳐 있다. 이것은 교권주의자의 욕심 때문이라는 생각도 뿌리 깊게 박혀 있다. 신은 절대로 전쟁을 가르치지 않는다. 결국 종교지도자들의 아집 때문에 무고한 레바논 민초들만 희생돼 왔다. 지친 민초들은 종교에 심취할수록, 신에게 다가설수록 불행만 가중되고 오히려 불안과 분란만 커질 뿐, 평화와 안정은 간 곳 없어진 현실을 적나라하게 적시한다.

"신은 종교를 비난하는 자를 돕는다."

4. 아랍어 속담과 의미

아랍어 속담	한국어 의미
عصفور في اليد خيرٌ من اثنين على الشجرة.	손 안의 한 마리 참새가 나무 위의 두 마리보다 낫다.
كثير الكلام قليل الاحترام.	많은 말 적은 존경
الأعمال أفصح من الأقوال.	행동이 말보다 더 분명하다.
الصديق في وقت الضيّق.	친구는 어려울 때에 있다.
الكتاب النافع صديق حميم.	유용한 책은 좋은 친구이다.
البيت تدخله الشمس لا يدخله الطبيب.	햇볕이 들어오는 집은 의사가 들어오지 않는다.
العلم القليل شيء خطير.	어설픈 지식은 위험한 것이다.
ما كلّ ما يلمع ذهب.	빛이 난다고 모두 금은 아니다.
سلامة الإنسان في حفظ اللسان.	인간의 안전은 혀를 간수하는 데 있다.
صبر قليل راحة عشر سنين.	잠시의 인내는 10년의 휴식
خبر السوء ينتقل بسرعة.	나쁜 소식은 빨리 전해진다.

공일주(2008). 『코란의 이해』, 한국외대 출판부.

공일주(2011). 『이슬람의 수피즘과 수쿠크』, CLC.

공일주(2012). 『한국인과 소통을 위한 아랍 문화』, 세창출판사.

공일주(2013). 『아랍의 종교』, 세창출판사.

공일주(2015). 『이슬람과 IS』, CLC.

공일주(2016). 『꾸란과 아랍어 성경의 의미와 해석』, CLC.

구미란(2017). 『아랍 세계 한걸음 다가가기』, 선문대학교 이슬람센터.

김능우(2004). 『아랍시의 세계』, 명지출판사.

김능우(2016). 『중세 아랍시로 본 이슬람 진영의 대 십자군 전쟁』, 서울대학교출판
    문화원.

김동문(2016). 『우리가 모르는 이슬람 사회』, 세창출판사.

김동문(2017). 『우리는 왜 이슬람을 혐오할까』, 선율.

김정위(2002). 『이슬람사전』, 학문사.

김정위(2005). 『중동사』, 대한교과서.

김종도 외(2012). 『아랍 민주주의 어디로 가나』, 모시는사람들.

데이비드 프롬킨 저, 이순호역(2015). 『현대 중동의 탄생』, 갈라파고스.

디미트리 구타스 저, 정영목 역(2013). 『그리스 사상과 아랍 문명』, 글항아리.

로버트 어윈 저, 황의갑 역(2005). 『이슬람 미술』, 예경.

명지대 중동문제연구소(2016). 『법으로 보는 이슬람과 중동』, 모시는사람들.

무함마드 아유브 저, 신해경 역(2016). 『중동 불의 여정』, 아마존의나비.

문재완 외(2016). 『파트와를 통해 본 이슬람 사회의 규범과 현실』, 세창출판사.

버나드 루이스 저, 김호동 역(2003). 『이슬람 1400년』, 까치.

버나드 루이스 저, 이희수 역(1998). 『중동의 역사』, 까치.

사니아 하마디 저, 손영호 역(1991). 『아랍 아랍인』, 큰산.

서정민(2015). 『서정민 교수의 중동 비즈니스 및 여행 길라잡이』, 한국외대출판부.

서정민(2016). 『오늘의 중동을 말하다』, 중앙북스.

손주영 외 역(2006). 『사진과 그림으로 보는 케임브리지 이슬람사』, 시공사.

심의섭 외(2010). 『중동경제와 이슬람금융』, 세창출판사.

아메드 제바르 저, 김성희 역(2016). 『아랍 과학의 황금시대』, 알마.

아밀 말루프 저, 김미선 역(2002). 『아랍인의 눈으로 본 십자군 전쟁』, 아침이슬.

애덤 바크만 저, 박다솜 역(2016). 『이슬람 예술과 건축』, 시그마북스.

앨버트 후라니 저, 김정명 외 역(2010). 『아랍인의 역사』, 심산.

엄익란(2007). 『이슬람의 결혼문화와 젠더』, 한울아카데미.

엄익란(2011). 『할랄 신이 허락한 음식만 먹는다』, 한울.

엄익란(2014). 『이슬람 마케팅과 할랄 비즈니스』, 한울.

엄익란(2015). 『금기 무슬림 여성을 엿보다』, 한울.

오은경(2014). 『베일 속의 여성 그리고 이슬람』, 시대의창.

오은경(2015). 『이슬람에서 여성으로 산다는 것』, 시대의창.

유스프 까르다위 저, 최영길 역(2011). 『이슬람의 허용과 금기』, 세창출판사.

유진 로건 저, 이은정 역(2016). 『아랍: 오스만제국에서 아랍 혁명까지』, 까치.

유해석(2016). 『기독교와 이슬람 무엇이 다른가』, 생명의말씀사.

유흥태(2017). 『시아 이슬람』, 살림.

윤용수 외(2007). 『아랍어와 아랍 문화』, 한국학술정보(주).

윤은경(2011). 『아랍의 언어와 문화』, 도서출판 창문.

이규철 외(2007). 『이슬람 아랍 중동』, 부산외대출판부.

이원삼(2002). 『이슬람법사상』, 아카넷.

이정순(2012). 『21세기 한국 이슬람의 어제와 오늘』, 대서.

이주화(2016). 『이슬람 교리의 법해석』, 한국학술정보.

이희수(2011). 『이희수 교수의 이슬람』, 청아출판사.

이희수(2014). 『이희수 교수의 세계도시문화기행06』, 청아출판사.

이희수(2015). 『세상을 바꾼 이슬람』, 다른.

이희수(2015). 『이슬람 학교』, 청아출판사.

이희수 외(2007). 『이슬람』, 청아출판사.

이희숙(2014). 『이슬람 캘리그라피』, 이담북스.

임병필(2008). 『아랍인의 사랑』, 한국학술정보.

임병필(2013). 『현대 아랍시의 정체성 찾기』, 이담북스.

임병필(2016). 『이슬람의 금기 샤리아로 풀다』, 모시는사람들.

장 졸리 저, 이진홍 외 역(2016). 『지도로 보는 아프리카 역사 그리고 유럽 중동 아시아』, 시대의창.

전완경(2013). 『아랍 문화사』, 한국학술정보.

전완경 외(2002). 『아랍 이슬람문학의 이해』, 부산외대출판부.

조너선 라이언스 저, 김한영 역(2013). 『지혜의 집 이슬람은 어떻게 유럽 문명을 바꾸었는가』, 책과함께.

조희선(2009). 『이슬람 여성의 이해』, 세창출판시.

조희선(2015). 『변화하는 무슬림 여성』, 세창출판사.

최창모(2015). 『중동의 미래 이스라엘과 팔레스타인』, 푸른사상.

최창모 외(2008). 『유대교와 이슬람 금기에서 법으로』, 한울아카데미.

코르방 저, 김정위 역(1997). 『이슬람 철학사』, 서광사.

타마라 손 저, 서종민 역(2017). 『이슬람의 시간』, 시그마북스.

타밈 안사리 저, 류한원 역(2011). 『이슬람의 눈으로 본 세계사』, 뿌리와이파리.

톰 홀랜드 저, 이순호 역(2015). 『이슬람 제국의 탄생』, 책과함께.

하마디 저, 이원용 역(1999). 『아랍인의 행동원리(개정판)』, 범우사.

하워드 R. 터너 저, 정규영 역(2004). 『이슬람의 과학과 문명』, 르네상스.

한스 큉 저, 손성현 역(2012). 『한스 큉의 이슬람』, 시와진실.

홍미정(2016). 『21세기 중동 바르게 읽기』, 서경문화사.

홍미정 외(2018). 『팔레스타인 현대사』, 서경문화사.

홍준범(2015). 『중동 테러리즘』, 청아출판사.

아랍과 이슬람

등록 1994.7.1 제1-1071

1쇄 발행 2018년 3월 25일
4쇄 발행 2020년 7월 10일

지은이 임병필 김종도 안승훈 유왕종 김병호 이성수
펴낸이 박길수
편집인 소경희
편 집 조영준
관 리 위현정
디자인 이주향
펴낸곳 도서출판 모시는사람들
       03147 서울시 종로구 삼일대로 457 (경운동 수운회관) 1207호
전 화 02-735-7173, 02-737-7173 / 팩스 02-730-7173
홈페이지 http://www.mosinsaram.com/

인 쇄 (주)성광인쇄(031-942-4814)
배 본 문화유통북스(031-937-6100)

값은 뒤표지에 있습니다.
ISBN   979-11-88765-09-6   03300

* 잘못된 책은 바꿔 드립니다.
* 이 책의 전부 또는 일부 내용을 재사용하려면 사전에 저작권자와 도서출판 모시
는사람들의 동의를 받아야 합니다.

이 도서의 국립중앙도서관 출판예정도서목록(CIP)은 서지정보유통지원시스템 홈
페이지(http://seoji.nl.go.kr)와 국가자료공동목록시스템(http://www.nl.go.kr/
kolisnet)에서 이용하실 수 있습니다.(CIP제어번호: CIP2018006916)